노동의 샛별

변창기 시집

새로운 세상의 숲
신세림출판사

붉은노동
붉은투혼
붉은해방

노동해방의 불꽃 전태일 노동열사 덩이 7026을 꿈꾸는시

노동의 샛별

변창기 시집

붉은해방 세상을 꿈꾸는 시

붉은노동은 사라지고 있는 시대에
붉은투혼은 맥을 잇지 못하고 있는 시대에
붉은해방은 더이상 꽃피울 시기를 놓친 듯한 시대에
우리는 살아가고 있지않나 싶습니다.

자본계급은 노동계급에 대하여 인공지능 억압의 체계를 완벽히 갖춘 듯 노동운동은 이리저리 분열을 위한 소모전만 이어지고 있는 것처럼 갈피를 못잡고 있어 보입니다.

붉은노동 첫 시집에 이어 붉은투혼 두번째 시집을 냅니다.
두번째 시집은 제목을 《노동의 샛별》로 달았습니다.

한국에서 태어나고 노동자로 60년 넘게 살아오면서 한국 자본주의 사회형성에 대하여 얻어들어온 또다른 정보들은 저를 경악케 하기에 충분했습니다. 그 결과로 제가 바라본 세상은 그랬습니다. 한국은 일본식 자본주의와 미국식 자본주의를 혼합한 짬뽕 자본주의고 군사주권이 없으니 미국에 식민지배 당하는 나라로 인식하고 있습니다.

1945년 8월 15일 이전까지 봉건사회를 무너트리고 자본주의 사회로 진입시킨 나라는 일본이었습니다. 조선을 무력침략하고 식민지 삼았으니까요. 일본식 자본주의 사회를 36년간 만들어가던 일본은 제국주의 탐욕이 너무 심했던지 미국을 얕잡아보고 시비걸다가 핵폭탄 두 방 맞고 무조건 항복!

일본을 패전국으로 가진 미국은 그틈을 타 1945년 8월 15일 이후부터 갑자기 조선이남을 불법침략하고 한반도 분단획책을 무기삼아 조·미전쟁을 일으키며 3년전쟁후 정전협정으로 오늘날까지 한국을 불법으로 군사점령중에 있습니다. 한반도는 패전국도 아니었는데 미제국은 왜 일본정부와 군사조직을 철수시킨다는 명분으로 쳐들어와 자주독립국 세우려던 조선민 조직을 불법이라 진압하고 서북청년단과 친일파 내세워 무자비한 학살까지 자행했을까요?

한반도가 3년전쟁에 휩싸이고 조선인민 수백만을 학살시키고 조·미 정전협정후 한반도 분단을 영구화 시킨데는 이승만 독재자의 공이 큽다다. 남쪽단독정부를 미군과 친일파와 협치하여 온갖 부정선거 폭력선거로 초대 대통령을 미군정 통치세력이 민들어주니 독재자로 군림하면서 북침전쟁을 미군에게 지속적으로 요청했던 사실이 확인되었고 미국이 3년전쟁 정전협정할 때도 북침전쟁을 굽히지 않았다고 합디다. 정전협정후 군사주권을 미군통치자에게 넘겨버린 사람이 이승만 독재자.

미국은 자본제국주의 나라입니다.

미국이 가장 싫어하는게 바로 공산주의 사상입니다. 그런 이유로 미국이 한반도 이남을 무단점령후 미군정 통치반대자 분단반대자를 빨갱이로 몰아 무자비하게 학살해버렸습니다. 한반도 원주민은 갓 일본의 무력통치에서 벗어나 하나된 한반도로 자주독립국을 열망한고로 미군이 갑자기 왜 쳐들어와 분할통치한다는건지 도무지 이해한 수 없었을 뿐만 아니라 미군정 통치자가 내세웠던 빨갱이가 뭔지도 몰랐습니다. 다만 한반도 원주민은 한반도 분할통치 반대! 조선은 하나다! 미군통치 반대! 자주독립국 쟁취! 를 외치고 주장했을 뿐이었습니다.

미군은 친일파와 일본군대와 합세해 미군통치를 강제로 시행했고 미군통치 반대하면 무조건 빨갱이, 한반도 분단 반대하면 무조건 빨갱이, 친일세력 반대하면 무조건 빨갱이, 조선은 하나다를 외치면 무조건 빨갱이, 분단반쪽짜리 단독정부 세우는 거 반대하면 무조건 빨갱이… 미국은 오로지 1945년 8월 15일 이후부터 1953년 전쟁이 끝난후까지 빨갱이 학살에 몰두합니다.

한반도 이남지역 대부분의 산속에서 항미유격대 활동하던 원주민이 많았습니다.

그들은 모두 미군정 지휘를 받는 토벌대에 의해 학살당했습니다.

토벌대에 붙잡혀 살아남아 감옥살이로 한평생 모진고문 당하며 살아낸 분들의 이야기가 지금도 생생히 전해지고 있습니다.

미제국은 전쟁광끼의 나라일까요?

살인백정 군대를 키우는 국가일까요?

지금도 주권국가를 불법침략하고 불법납치하고 있으며 불법학살을 자행하고 있음을 지켜보고 있습니다. 피해국과 아무 죄도 없이 미군에 살해당한 전세계 모든 인민에게 아픈 마음으로 전합니다.

■■삼가 고인의 명복을 빕니다🙏■■

오랜세월 친미 매국노에 의해 집권되면서 반공을 국시로 삼고 노동운동하는 사람, 학생운동하는 사람, 독재타도를 외치는 민주시민은 모조리 빨갱이로 낙인찍고 탄압했습니다. 노동해방 민족해방 책들은 불온서적으로 분류되어 판매금지 시켰습니다.

그런 살벌한 시대를 거치면서 저도 어느순간부터 빨갱이가 뭔지 궁금해졌고 붉은사상이 뭔지 알아보고 싶어졌습니다.

옛시절 빨갱이로 낙인찍힌 사람들을 만나보니 빨갱이가 훨씬 순박하고 참된 삶을 살아내고 있었습니다.
붉은건 불온하다고 거짓왜곡날조 시킨 매국노 가해자들이야말로 사악하고 야비한 사람들이었습니다.
저에게 붉은사상을 가지게 한 것은 어디까지나 자본주의자들이었습니다.

저는 그래서 붉은혐오에 저항하는 글을 남기려고 마음먹게 되었습니다.
붉은세상을 꿈꾸는 시라도 남겨놓고자 애씁니다.
붉은노동자가 붉은투혼으로 쟁취될 붉은해방 세상을 향하여 투쟁! 전세계 모든 노동자여 단결하라!

노동해방 사회가 되었으면 좋겠습니다.
민족해방 사회가 되었으면 좋겠습니다.
세계 유일의 분단국에서 벗어났으면 좋겠습니다.
자주국방되는 자주독립국되었으면 좋겠습니다.

2026년 3월
붉은노동자로 단결을!
붉은투혼으로 투쟁을!
붉은해방으로 쟁취를!

2026년 1월 10일
비주류 노동시인 **변창기**

| 차 | 례 |

붉은투혼 2부 붉음속으로

| 차 | 례 |

붉은투혼 3부 어느 비정규직 노동자의 외침

붉은투혼 1부

노동의 샛별

노동의 샛별

하늘의 밤별중에 가장 빛나는 별
빛을 발하는 별이 샛별이란다
샛별
사람중엔 없을까
샛별같이 빛나는 사람

어느 중년여성을 보게되었다
화장실에서 청소하는 여성노동자를 보았다
누군가 오줌통에 가래침 뱉어 놓고
휴지나 쓰레기 오물을 버리고 가도
누군가 똥통에다 똥을 싸고 물을 안내려
그 똥통이 막혀 똥물이 흘러 넘치게 해놓고 가도
얼굴 한 번 찡그림 없이 마치 자식이 그래놓은 거 치울 때처럼
마치 자기 가정에서 쓰는
밥그릇 국그릇 설겆이 하듯이
하던 여인을 보았다
그렇게 매일 빠짐없이 마음을 청소하니
빛이 난다
깔끔하게 반질반질 마음담아 청소하니
그마음이 이쁘신 여인
사람중에 샛별
노동의 샛별
예 있었구나 찾았다

말없이 묵묵히 맡은 일에 최선을 다하는 노동자
위험한 일
더러운 일
힘든 일일지라도 마다않고
기꺼이 일하는 노동자

쓸고 닦고 치우고 청소하는 노동자
병들고 노쇠한 병자 돌보는
요양보호사 노동자
의사 간호사 뒷치닥거리 일하는
간호조무사 노동자

인류의 살 집을 만들어주는
건설현장노동자
제조업 생산직 노동자
노동혐오 일자리일지라도
누군가 해야 할 일이라며
기꺼이 도맡아 일하는 노동자

노동해방 세상이 오면
가장 환대 받아야 할 노동자
그대들이 노동의 샛별
지구별 인류중 가장 찬란히 빛날
노동의 샛별.

여기에도 사람이 있다

5.1노동절 135년에도 들려오는 노동자의 외침!
"여기에도 사람이 있다!"

2025년 5월 1일
제 135년 세계 노동절
노동해방은 어림도 없이
여전히 피빨리는 노동현실

죽음을 불사하고 노동투사로
가열차고 힘차게 투쟁해 온 세월이 무색하게도
노동해방은 묻혀버리고
여전히도 흥청망청 자본주의가 판치는 사회

자본가 족속에 무릎꿇지 않겠노라
자본가 똥꼬나 빨며 살지 않겠노라
흉악스런 사탕발림 모두 거부하니
돌아온 건 핵폭탄급 노동탄압

우리는 기계가 아니다!
우리는 부품이 아니다!
인간답게 살고싶다!
사람처럼 살고싶다!
노동탄압 중단하라!

생활임금 보장하라!
노동착취 중단하라!
인간차별 중단하라!
노동3권 보장하라!

노동자 최소한의 생존권을 보장하라며
절박하게 절박하게 외쳤건만
돌아온 건 구사대폭력 경찰의 겁박
손배가압류

자본가에 충성하지 않는 노동자
자본가의 적이다
이땅은 자본가의 땅이니
단 한뼘도 밟지말라

투쟁하는 노동자 생존이 불가한 땅덩이
저 사악한 자본가 앞에 무릎꿇기 싫어서
투쟁하는 노동자로 살고 싶어서
자본가의 폭력탄압이 미치지 못하는 곳
공권력의 겁박이 와닿을 수 없는 곳
좁아터진 하늘 그곳으로
오를 수밖에 없는 노동현실

해우소는 어쩌랴
민생고는 어쩌랴
잠자리는 어쩌랴
삼중고에 시달림에도

까마득한 아래에서 올려다보는
동지들의 불타는 투혼이 생명줄

2025년 5일 1일
135년 세계 노동해방절
노동자의 자화상
여기저기서 들려오는 노동자의 함성소리

"여기에도 사람이 있다!"
"여기에도 사람이 있다!"
"여기에도 사람이 있다!"

노동자의 운명

노동해방 사회를 건설하는 게 노동자의 운명이다

투철한 노동해방 철학으로 무장하고
자본주의를 뒤집어엎는 혁명가로 나서는 게 노동자의 운명이다

노동해방 사회로 가는 길에 훼방놓는 모든 문제는 자본가 탓!
노동자는 오직 노동해방!
외치며 가는 게 노동자의 운명이다

앞서
노동착취에 맞서 투쟁하는 게 노동자의 운명이다
노동탄압에 맞서 투쟁하는 게 노동자의 운명이다
인간차별에 맞서 투쟁하는 게 노동자의 운명이다

노동자계급은 노동해방 사회건설을 포기하면 안되는 것
자본가계급의 횡포갑질 치하에서 살 수없는 게 노동자계급 운명

운명은 개척이다
운명은 도전과 응전의 법칙이다

노동자의 운명
노동해방의 길을 거역하면
자본가의 노예로 살아갈 수밖에 없다

노동귀족의 맛, 권력의 맛!

노동력 팔아야 먹고산다는 노동자
노동력 팔지 않고도 먹고사는 비결이 있던가?
있는 거 같더라
귀족자리에 오르면 되더라. 노동귀족!

클리앙에 올라온 글 중 일부다

"죽어도 지들 잘못을 인정 안하는 정권!"

윤석열 정권은 이태원 참사에도,
날리면에도,
변명과 책임 회피에만 급급할 뿐,
절대 잘못을 인정하는 법이 없군요

저는 이것은 귀족검사들의 특징이 아닌가 생각합니다

정치권력의 맛이 그런가보더라
난 권력자가 한번도 돼보잖아서 아예 모르는데
클리앙에 올라온 글 보니 조금은 이해기디라
노동귀족의 맛도 그럴테지?

정치권력 5년 기간에도 저러하니 2년 남짓 기간을 가진
노동조합 간부들은 더 급발진하면서 서둘러야 하려나?

노동권력 2년간 잘 누리고
2년후로도 계속 노동귀족으로 살고픈
인간의 욕망?

그래서인지 오래전부터 들려오는
전설같은 노동귀족 이야기.
누구는 자본가로부터 2억 받았다느니
누구는 중소업체 하나 불하받아
경영자가 되어 산다느니
이러한 소문들이 거짓일까?
지금 노동조합에 있는 노조관료도
그런 욕망의 꿈속을 헤매는건 아닐까?

국가대표의 정치권력을 주권자가 지정해준 것처럼
노조대표의 권력을 조합원이 부여해 줬는데
겸손함 공손함을 망각하고
고집과 아집으로
독재정치 흉내나 낸다면
그게 어디 노조간부로서 할짓거리던가?

이미 자본가와 생각을 소통하고 공감하는 수준에 이르렀다면
자신도 모르게 노동귀족에 세뇌돼버린 꼴 아니던가?
노동조합 무기라는 단결과 투쟁을 접고
소통과 공감 속으로 빨려 들어가는 순간부터
노동귀족화로 바뀌는 인생길

노동귀족은 가짜노동자!

자본가는 가짜노동자를 무서워하지 않는다.
이빨 빠진 호랑이쯤으로 여기니

조합원의 흥망성쇠가 지부장 손아귀에 달렸다?
그게 민주노조?
이제 채 1년도 안남긴 지부장이 갑질집행할
그런 위치는 아니지 않나?

왜이리 똑같아 보일까?
국민의 뜻을 받들겠습니다!
-쥴리공-
조합원만 믿고 가겠습니다!
-OOO 지부장-

노동자는 노동자다.
살아 움직이며 실천하는 진짜노동자
그런 노동가 가사도 있던데...

왜이리 위아래 사진이 똑같아 보일까?

꿈이 이루어지게

노동자의 꿈이 이루어지게

모이자!
뭉치면, 꿈은 이루어 진다!
가만히 있지말고 행동하는 꿈꾸자

단결하는 꿈꾸자
꿈은 이루어진다

투쟁하는 꿈꾸자
꿈은 이루어진다

노동해방이 희망이다
노동해방을 위해 뭉치자
꿈은 이루어진다

혼자 꿈꾸면 미약하여 헛된 꿈일 수 있지만
여럿이 함께 일치단결하여 꿈꾸면
뜨거운 힘이 발산되어 현실이 될 수 있을거니
그러니
힘을 모으자. 단결의 힘을, 투쟁의 힘을

꿈은 이루어진다

노동해방의 꿈은

모이자!
뭉치면 노동해방, 꿈은 이루어진다!
가만히 있지말고 행동하는 꿈꾸자

꿈이 이루어진다
노동해방의 꿈이
곧!

노동자가 힘들어요

노동자가 힘들어요
먹고사는 것도 힘들고
되먹지못한 자본가에 맞서
투쟁하는 것도 힘들어요

먹고살기 위해
가족의 생존을 위해
일터를 지키려는건데요
자본가는 야멸차게도 심술궂게도
노조만들었다고 정리해고 때리네요
노동자가 노동조합 건설하는 건 당연한 건데도
자본가는 노동자가 노조설립하면
세상이 무너질 것처럼 지랄발광을 다하죠?

서울에서 구미에서 울산에서 부산에서
노동자들이 정리해고 당한 노동자들이
쟁투중이예요
노동자의 함성이
노동자의 절규가
수천의 정치인들 눈에만 안보이나요?

좀 봐주세요
여기도 사람이 있어요

노동자도 사람입니다
자본가들
귀족들
상류층
정치지배자들
당신들만 사람이 아니라
여기 넓은 땅 놔두고 좁은 하늘로 올라간
노동자도 그 노동자도 사람입니다
전국 곳곳에서 사람들이 생존권 사수를 위해
투쟁하고 있음을 보아주세요.

노동정치의 위기

자본주의 사회
자본주의 정치
그 틈새에 끼여 가까스로 맥을 이어가는
노동정치의 씨를 말리려 한다

노동자 정치세력화는
왜이리 갈길이 멀고 험난한가
잘나가던 민주노동당 초기시절
그 봄날은 갔는가

내잘나고 니잘난 대가리들 나타나
갈기갈기 찢겨진 노동정치
거대양당 자본정치 권력 갈라먹기 패싸움터 속으로
갈피 못잡고 스스로 엎어진 위장된 진보정치

갈 길 험난해도
가는 길 힘들어도
다시 불씨를 살려야 한다 민주정치
안간힘으로 안간힘으로
다시 일떠선 민주노동당 2기

자본정치에 밀려 노동정치는 사라질 위기
노동정치의 불씨를 살리기 위해

다시 한 번 해보자 노동정치
위기를 극복하라 노동정치

노동정치가 우뚝 서야 희망찬 세상이 온다
노동자에게 좋은 세상 오게 하려거든
노동자여
노동자여
노동정치를 하자

언제까지
자본가에게 노동착취와 노동탄압과 인간차별을
당하며 살 순 없지 않은가

언제까지
자본정치에 노동권이 짓밟히며 살 순 없지 않은가.

노동해방 정권 상상만 해도

노동자는 민주노동당에 투표하면 안되겠습니까?

어느 통계에 의하면 주권행사 가능한 노동자 수가 2,500만이나 된다고 하던데요
이번 대선에서 노동자만 노동후보 찍어도
노동자 대통령 당선되고도 남을 것을요

노동자계급이 집권하면
노동착취가 중단될텐데요
노동탄압이 중단될텐데요
인간차별이 중단될텐데요

노동혐오 사회가 사라지고 노동존중 사회가 될텐데요
어려서부터 노동의 소중함을 교육받고요
노동자면 누구나 노동조합 만들고 활동하게 될텐데요
자본가가 노동자를 무시하거나 멸시하면
노동자 정부가 강력하게 처벌하게 될텐데요
노동귀족이란 말이 유행될만큼
노동자 임금으로 풍요로운 생활을 영위할텐데요
힘들고 어렵고 더러운 노동을 할수록 임금도 더 많아질텐데요
비정규직 노동제도 사라질텐데요
평생을 노동자로 살아도 노후걱정없이 살도록
노후복지 확실할텐데요

요람에서 무덤까지
노동자의 생존권을 노동자 정부가 확실하게 책임질텐데요

그러니까
노동자 정권 한번 만들어 봅시다요
어려울 것 없잖아요
민주노동당에다 2,500만표 몰아주면 됩니다요

비정규직 노동자인 저부터 노동후보 지지를 표할테니까요
이번엔 노동후보 좀 찍어주이소
노동자라면 말입니다

노동해방 사회가 올 때까지 투쟁!

자본주의 사회에서 노동정치로 희망찾기

자본주의 사회다
막강한 자본의 힘이 뒷바침되고 있는 민주정치는
항상 노동자에게 희생만 강요된다

국민의힘당은 본래가 친자본 반노동 정책으로 일관하니
당연시되고 있지만
그래도 민주당은 노동자의 권리찾기에 힘을 안실어주려나?
그런 착각속에서 역대 민주당 정권을 지켜봤지만
역시나 아는 놈이 더 무섭다고
친노동인 줄 알았는데 더 잔인하게 더 야비하게
노동탄압 자행하는 것을 보아온터라
그 정당 역시 자본주의 사회
자본정치당일 뿐임을 절실히 알게되었다
거대여야정치에 함몰된 자본정치였다
노동자계급엔 불필요한 정치인들 뿐

25년 21대 대통령선거
이번에도 그렇다
노동계마저 자본정치로 회귀된 거 같았다
진보정당은 물론이고 민주노총 지도부까지
모두 민주당으로 엎어져 이후보의 당선을 위해 뛰고 있었다
이러하니 말 다했지 뭐

사회여론조사만 봐도 자본정치후보 당선이 예상되고 유일하게 투쟁하는 노동자를 찾아다니는 노동정치후보는 여론조사 1%미만으로 나오고 있더라

그럼에도 노동정치후보에 희망을 건다
자본정치가 여전히 맹위를 떨치고 있지만
지금이야 그렇다쳐도 언젠가는 반드시 꼭
노동자계급이 집권해야 하기에
노동정치가 자본정치와 비등해지게 해야 하기에
그 희망을 접을 순없기에

민주정치 위에 자본정치 있다!
그래서 친자본 반노동 후보가 더 많다.
거대여야는 민주정치를 앞세운 자본정치가들
더보수 덜보수일 뿐!
노동자계급 정치인은 없다
자본가계급 정치 일색이다
그 비좁은 틈바구니에 아슬아슬하게 버티는 노동정치
과거엔 어찌했건 미래에 어찌하건 지금!
지금이 가장 중요하다
노동자인 우리는 핍박당하는 노동자를 찾는
노동정치에 희망을 건다

노동정치의 샛별되기를
노동해방의 추춧돌이 되기를
노동자 권리쟁취의 희망이 되기를
단결! 투쟁!

불타는 투혼으로 다시 노동정치를!

자본주의 사회
자본가계급 정치
노동정치 씨말리기
노동자계급엔 희망있는가?

노동자계급 정치세력화
이용만 당한 채
자본정치에 엎어지고
노동정치 씨말리기 통하나?

남은 노동정치 사력을 다해 지키고자
힘겹게 힘겹게 정치투쟁에 나서고
선거투쟁으로 다시 불타는 투혼으로
노동자계급 정치세력화
불씨를 불씨를 꺼트리지 않으려고
안간힘 안간힘

노동자에겐 노동정치가 희망인데
노동자마저 자본정치로 몰려가니
텅 빈 노동정치 운동장에서
작으나마 다시 불씨를 살려내려고
애쓰는 애쓰는 동지들이 안스러운

결국엔 노동자는 노동정치만이 희망인데
어디가삣노 모두들
노동정치 씨말리지말고
다시 불꽃으로 살아오르라

불타는 투혼으로
노동정치의 불씨를 꺼트리지말기
노동정치 다시 불타오르게 불타는 투혼
자본정치에 깔려버린 노동정치 숨끊어지기
직전까지 온 거같으니 불타는 투혼으로 노동정치 투쟁

더자본과 덜자본
더우익과 덜우익
더민주와 덜민주
이 두 양대 정치계급이 권력 나눠먹기식 쟁탈전뿐
노동정치조차 노동혐오로 개무시되는 거 같으니
밟혀도 다시 일어서라 노동정치
민들레의 투혼처럼 피어나라 노동정치
그리하여 국회를 장악하고 정부를 장악하고
노동정권 창출하여 노동해방 사회로 가즈아!
라는게 나의 작은 소망임.

노동정치 살리지!
노동정치 싹 틔우자!
수천수만의 민들레 씨앗이 바람결에 흩날리우듯이
노동정치의 붉은 물결로 세상을 수놓자
노동정치로 기어이 노동해방 사회로 가야 하나니.

노동자의 보물창고

사람으로 태어나 살면서 들어왔다
어딘가에 보물창고가 있다고
늙도록 찾아헤맸어도 못찾고 말았다
내 삶의 보물창고
어디 있느냐 보물창고

짐승들은 생존의 본능으로
먹이를 찾아헤맬 때
인간들은 너나할것없이
보물창고를 찾아헤맨다

누구는 벼락부자가 되어
보물을 찾았다 했고
누구는 권력자가 되어
보물찾기에 성공했다고도 했다
그러나 여기 절대다수 노동자는
평생을 보물 찾으러 다녔지만 못찾고
어느 노동자는 찾다가 산업재해로 먼저 가버렸다

금수저에겐 찾기 쉬운 보물창고
흙수저에겐 찾기 너무 어려운 마을
자본주의라는 마을
노동자에겐 자본주의라는

생산양식을 뒤집어야 나타날 보물창고일 거 같은데
노동해방의 마을속으로 가야
노동자의 보물창고가 나타날 거 같은데

자본주의자는 출세와 이윤이 보물창고다
노동자는 노동해방이 유일한 보물창고다

노동자의 보물창고는 있다
노동해방이라는 보물이 숨겨진 그곳은
자본주의자들이 얼씬도 못하게
철조망과 콘크리트 구조물로 폐쇄시켜 놓았다
철조망을 걷어내고
콘크리트를 걷어내면 거기
황금빛 찬란한 노동해방 마을이 펼쳐진다

단결투쟁으로 되찾아야 한다
수백년간 지속된 자본주의가
그냥 내어줄리 없다
먼저 숭악한 자본주의 생산양식부터 깨부수자
노동자의 보물창고 되찾을 때까지

자본주의자 훼방으로 험난한 여정이 도사리고 있을테지만
노동자라면 꼭 자본주의 생산양식 뒤집고 가야 한다
황금빛 찬란한 마을
노동해방 마을을 되찾을 때까지.

노동정치엔 이런 표가 필요합니다

노동정치엔
일하는 사람들의 표가 필요합니다
노동자의 표가 필요합니다
진보진영 표가 필요합니다
영세상인 표가 필요합니다
자영노동자 표가 필요합니다
민중의 표가 필요합니다
서민층 표가 필요합니다
빈민층 표가 필요합니다
반면에 자본가 표는 불필요합니다
보수진영 표는 불필요합니다
재벌 표는 불필요합니다
가진자 표는 안필요합니다

핍박받는 사람들 입장에 섰으므로
박해받는 사람들 입장에 섰으므로
탄압 당하는 노동자 입장에 섰으므로
착취 당하는 노동자 입장에 섰으므로
차별 당하는 노동자 입장에 섰으므로

노동자도 인간이다!
인간답게 살고싶다!
노동정치에 투표하자!

노동자를 찬미하리

난 뒤에서 땀흘린 노동자를 찬미하리

어느 칠십오세 남자가수가
25년 추석 공연을 했다고 떠들썩하다

단독 150분 공연
이순간을 영원히
75세에 30곡 소화
연습벌레
실전을 방불케하는 연습
그날의 기록
28년만에 방송특집공연
57년 가수인생
1만 8천 관람 노래 떼창
어느 선넘은 경지
방송이후 높은 격찬의 언론반응이 쏟아지고

연예인 속 연예인이라는 그는
음악에 대한 열정이 남다른 것만은 분명하지만

자본주의 음악
자본주의 칭송
그외엔 없는

그 나이든 남자 가수가 무대에 올라
150분 동안 28곡의 노래와 안전하게 시간을 보낼 수 있도록
한 사람들에 대한 이야기는 묻혔다
오로지 한 사람
무대에서 노래한 그사람만 조명되고 영웅시된다
자본주의 사회의 특징이 그럴까?

쇠자재 나무자재 이용해 무대를 설치한 노동자들
멋진 조명을 설치한 노동자들
음향설치한 노동자들
공연의 순간을 영상으로 남긴 노동자들
응원봉을 만든 노동자들
표를 만들고 배포한 노동자들
공연 끝나고 무대를 다시 해체한 노동자들
연주를 담당했던 노동자들
공연장을 청소한 노동자들까지
수많은 이들의 노고가 있었기에 가능했던
안전한 공연 그 화려함과 멋짐 웅장함은
그곳에서 노래부른 이에게만 집중조명

음향도 빼버리고
조명도 빼버리고
무대도 빼버리고
삭막한 그곳에서 2만 관중 모아놓고
노래불렀다 쳐 봐
어땠을꺼 같아?

자본주의 음악
자본주의 노래
노동자에게 와닿는 노래는 내용은
유일하게 없었던
거기 모였던 1만 8천 관람객중
자본가는 얼마나 모였을까
대다수 월급쟁이 노동자로 채워졌을텐데
노동가 투쟁가는 단 한소절도 없었던 공연

차라리 차라리 난
무대를 만들고 해체시킨 노동자를 찬미하리
그 모든 뒷 처리가 된 이후에 투입되어
말끔하게 청소로 마무리한 노동자들
그 노동자들을 노래하리.

그런 노동자는 되지마라!

지부장 한 번 해먹었다고
특혜누리는
그런 노동자는 되지마라

노조간부 한 번 해먹었다고
목에 힘주고 다니는
그런 노동자는 되지마라

노조간부 한 번 해먹었다고
꿀보직 연연하는
그런 노동자는 되지마라

70년대 전태일 노동열사
95년에 양봉수 노동열사
자본과 정권에 맞서 싸우다
죽어간 수많은 노동열사를 생각해보라

어찌 어용이 될 수 있으랴
어찌 첩자가 될 수 있으랴

노조활동하던 나이든 선배가
그 알량한 일자리 하나 때문에
이제 갓 피어나는 젊은 노조활동가를

작은 실수하나 했다고
숙청의 대상으로 삼고
불타는 적개심으로
사악한 방식으로 1인시위 나서는 꼴!
아니지 않나
선배노동자로서 낯 부끄럽지 않나

모름지기 노조활동은
이기적인 사심에 불타지 말아야 하거늘

노조간부 활동가로서 원칙과 기본에 충실해야 한다는
어느 전직 위원장의 뻠쁘질에
기세등등 용기팔팔

젊은 초보 활동가
너무 두렵고 겁이 나서 휴가내고 정신과 진료까지 받는데
도망쳤다고 맹비난하는 꼴!

너무 나대는 꼴!
너무 설치는 꼴!
너무 방방뜨는 꼴!
너무 거만한 꼴!
너무 야비한 꼴!

그들은 한치의 흔들림 없이 초지일관이던가
그들은 원칙과 기본에 충실해 왔던가.

노동자끼리 피치못할 사정이 있으면
양보할 줄도 알고
이해할 줄도 알아야지
그 무슨 동네 양아치 같은 짓거린지
도무지 이해불가!

그런 투사정신!
그런 열사정신!
그런 불타는 적개심!
같은 노동자를 향할 게 아니라
노동자를 개무시하는 자본가를 향하면
아니되시나?

노동자끼리 웬수져서 뭐하시게?
그렇게 첩자노릇해서 뭐하시게?
그렇게 자본가에게 잘보여 뭐하시게?

정년퇴직후 업체라도 하나 준다던가?
자식들 현대차 원청에 취업이라도 시켜준다던가?
그게 그대들이 말하는 노조간부 할동가의 기본과 원칙인가?

어여 대답 좀 해주소
어떤 답변이 올지 사뭇 궁금하네여.

수술방 청소노동자

먹고살려고 시작했던 직업
수술방 청소노동자 생활
처음엔 너무 역겨워 구역질도 했지요

수술후 잽싸게 들어가
인간질병의 부유물과 수술도구가 뒤엉켜 마치
전쟁터를 방불케한 후유증 뒷수습을
그것도 신속하게 재빨리 다음 수술환자를 수술할 수 있게
깔끔하게 치우고 정리정돈 해놔야 하죠

수술하는 의사 선생님도 힘들겠다 싶어요
수술칼로 피부를 가르고 내장을 가르면
쏟아져 나오는 병자의 몸 속 물질들
장기, 핏물, 림프액, 고름, 양수, 똥과 오줌
가차없이 절개해 바닥에 버리면서 수술에 집중하니

수술이 끝나고 환자가 중환자실로 옮겨지면
그제서야 불이나케 들어와 수많은 수술도구와 병자의 몸에서
닌도질 해낸 난장판 물질을 걷어치우는 사람들
수술방 청소노동자들

역겨운 피비린내
환자의 몸속 물질을 보며

구역질 나도록 역한 상황과의 사투
가족들 먹여살려야 하니께
잇까짓꺼 아무것도 아녀
잇까짓꺼 아무것도 아녀
마치 기도주문 외듯한 생활 12년째
65살 그 노동자는 이렇게 말했다

매일 새벽 네시에 일어나 출근해요. 출근하면 각자 맡은 구역을 청소해요. 갱의실과 화장실을 청소하고 수술방 엘리베이터 앞도 닦고요.

수술은 하루에 평균 50건 정도되더라구요
수술방 바닥에 있는 건 분리수거고 뭐고 몽땅 버려야 해요. 그리고 폐기물 박스로 포장해요. 다음엔 바닥을 말끔하게 미는 거예요. 빨리 하는 게 가장 중요해요. 시간이 촉박하거든요. 수술이 끝난 방은 정말 어질러져 있어요. 어떤 방은 '으악' 소리가 절로 나요. 또 냄새가 어찌나 심한지, '웩' 하고 구역질이 날 때가 있어요.

수술방마다 달라요. 오래 일하다 보니 무슨 과 수술인지 다 알 수 있어요. 변이 널려 있으면 대장 수술을 한 거예요. 그게 냄새가 지독해요. 산부인과도 말도 못해. 선지 덩어리가 막 굴러다녀요. 그리고 정형외과는 뼛가루가 날리고 피바다 물바다고요. 흉부외과에서 심장 수술 하면 알 수 없는 도구가 널려 있는데, 쓰레기가 엄청나게 많이 나와요. 안과, 이비인후과는 생각보다 깔끔하고요. 그래도 바삐 치워야 하는 건 마찬가지죠. 어떨 때는 숨이 헉헉 소리 나게 가쁠 때가 있어요. 집에 가면 발바닥이 얼마나 아픈지 몰라요. 하루 평균 만오천보는 항상 넘겨요. 집에 가서 장딴지를

막 두들기기도 해요. 쓰레기 박스도 무거운데, 석션통도 무거워요. 선지랑 기름 덩어리 같은 게 나와요. 말라붙어가지고 담갔다가 씻으려면 솔로 닦아야 하는데 잘 안 닦여요. 그러면 힘들고 어깨도 너무 아파요.

수술방 청소노동자로 일하려면
나쁜 냄새가 나도 기억을 안 해야 해요. 잊어버려야 다음 수술방에 들어갈 수 있거든요.

노조가 있으니 후생복지가 좋아요
정년이 70이지만 더 일해도 되고요
병자의 수술후 부산물을 치우고 청소하는 일이라 냄새와 보기가 역하고 힘든 일이지만 중환자 분들이 수술후 회복하여 건강을 되찾아 퇴원하는걸 보면 보람도 커요
우리도 언제 그렇게 병들지 알수 없는 존재들이잖아요

세상에서 가장 숭고한 노동을 보았어요
그걸 밝혀준 의사선생님도 보았죠
이게 한마음 한뜻의 세상이죠.

*위 시어는 25년 11월 7일 한겨레 기고문 참고 발취함.

노동해방 덩이 7026

덩이를
노동해방 덩이를
스무살 전태일
70년 평화시장 노동자로 일하면서
만들어 굴리기 시작했다

정권과 자본의 억압으로
굴리던 덩이가 산산조각 났다
전태일은 어린 여공들의 애달픈 응어리를 응집시켜
다시 작은 알갱이 덩이를 친구들에게
또 전태일을 모르는 모든 노동자에게
넋으로 불태운 작은 덩이 하나를 남겼다

평화시장 어린 여공들의 응어리와
전태일의 얼이 담긴 덩이
정권과 자본은 빨갱이로 몰아
소멸시키려 폭력으로 억압했으나
덩이는 더 커지고 커질 뿐이었다

건들면 건들수록 커지는 덩이
노동해방 덩이

70년 전태일 노동자가 만들고 굴렸던 덩이는

80년엔 광주항쟁으로
87년 6월 항쟁으로
7월 봇물처럼 터진 노동자 대투쟁 속에서
마치 전태일이 환생한 듯이 부활한 듯이
정규직에서 비정규직까지 덩이는 점점 더 커지고
이제 매년 11월 13일만 되면
전국의 수많은 노동자가 모여 외친다

"전태일 노동열사 투쟁정신 계승하자!"

덩이
노동해방 덩이
노동자라면 너나없는 모두가 굴리고 굴려
마침내 다다르자
노동해방 사회로 다다르자
못다푼 어린 여공들의 응어리 풀어주자
굴려라 전태일 덩이여
굴려라 노동해방 덩이여.

성탄절과 노동자

노동해방 사회를 염원하며

'불신지옥 믿음천국'
'자본천국 노동지옥'

지구별 나랏수가 약 195개국이라 한다
지구별 인구는 약 81억명이라 한다
아마 깊은 산속에 모여사는 원시족속은 뺀 수치일 게다
80억 넘는 지구별 인간이 가진 종교는
4천에서 1만종으로 추정된다

해마다 12월 25일 성탄절 날!
한국에서 공휴일로 지정될 정도로
막강한 힘과 조직력을 갖고 있는 기독교
종교와 신앙은 어떻게 해서
인류사회 속에서 공존하게 되었을까?
나는 모른다

이스라엘에 처음엔 유태인 종교 유태교만 있었는데
어느날 예수라는 사람이 나타나 반유태교 논리로
유태교 사회를 휘젓고 다녔단다
이스라엘에선 토속신앙인 모세5경
아마도 그것에 반기를 든 종교세력이 등장했던가보다
또 시대변천에 따라 모세5경에서 끝나면
별로 재미가 없는지 예수라는 인물을 내세우고

지켜본 사람이 쓴 거라며 4복음서와 함께 부활을 내밀었다.
부활?
환타지 신앙소설인가?

5대종교 10대종교가 지구별을 휩쓸고 있을때
홀연히 나타난 한사람 칼 마르크스!
유태인임에도 그는
지구별 신앙과 종교는 관념론에 불과하다며
인간의 생명체에 또다른 정신세계관이 있음을 밝혀냈다.
관념론과 맞짱뜰 정도로 씸박한 반대철학론
《변증법적 유물론》이 바로 그거다

중세봉건제를 거쳐 현대 자본주의에 스며들어 결탁된 관념론은
종교집단과 함께 급성장해왔고
거대 종교시장을 형성해 왔다
거기에 칼 마르크스는
《변증법적 유물론》으로 반기를 든 것이었다
그렇게 집대성된 칼 마르크스의 노동해방 철학서는
지구별에 엄청난 반향을 불러일으켰다
자본가계급과 종교지배계급은
자신들의 조직력과 지배력이 붕괴될까봐 치를 떨었다

칼 마르크스의 노동해방 철학서는
불온서적으로 만들어 판매금지시켰고
종교서적과 친자본 서적만 광고에 열을 올렸다
자본주의 나라는
온갖 조직력과 금전력을 내세워

조작왜곡날조 시키며
칼 마르크스와 그의 철학서를 공격했다
진리는 억압한다고 없어지는 게 아니다
노동해방 철학은 끈질기게 살아남아 인류를 구원할 것이니

관념론은 실체가 없다
그냥 믿음천국 불신지옥만 외치면 그만이다
그래서 자본주의는 유지하기가 쉽다
종교나 운동경기나 영화나 문학이나
술과 유흥에 빠지게 하여
흥청망청 사회를 만들면 되니 그렇게
자본주의 세계관에 세뇌된 노동자가 많아
자본주의 사회를 무너뜨리기가 쉽지만은 않다

변증법적 유물론은 실체가 있다
그러므로
칼 마르크스의 노동해방 철학서를 학습해야 한다.
이미 오래전부터 상업화된 종교를 뚫고 지나가야
노동해방 사회에 도달할 것이다

자본가와 한통속된 종교
그 관념론의 황금물결을 산산히 부셔버리자
노동자에겐 독이니

자본천국 노동지옥!
불신지옥 믿음천국!
자본가와 종교는

그 사회를 존속시키려고
성탄절 석탄절 같은 종교세계관 행사를 열불나게 진행한다

칼 마르크스의 노동해방 철학서 결론은 나와있다
자본주의 사회가 아닌 사회
모든 종교가 소멸된 사회
노동해방 사회
인간해방 사회
그런 사회를 만들자고 칼 맑스는 외쳤다

》전세계 노동자여 단결하라!《

노동자에겐
노동없는 천국은 지옥이다!

다시, 노동혁명!

노동혁명은 가능한가
술에 쩔어 사는 노동자 많던데
놀음에 빠져 사는 노동자 많던데
자본주의에 세뇌된 노동자 많던데
노동혁명은 가능한가

군대 경찰 사법부가 다
자본가계급을 위해서만 복무하던데
사회 전체가 자본주의 방식으로
작동하던데 노동혁명은 가능한가

가능하다!
노동혁명은 가능하다!
백년전처럼 자본가계급에 맞서
총칼들고 유격대 투쟁으로는 안되겠지만
가능하다
노동혁명은 가능하다

어떻게 가능한가?
술끊고 놀음끊고 유흥을 찾아 헤매는 짓 그만하고
칼 마르크스가 집대성한 노동해방 철학서적을 탐독하고
함께 토론하며
노동해방 정치에 관심 가지면 될테다

어려울 것 없다
자유민주주의 헌법을 인민민주주의 헌법으로 뜯어고치면 된다
그게 어떻게 가능허냐고?
가능하다 어렵지 않다

노동조합 속에 칼 마르크스 노동해방 철학 학습모임 시작하고
지도자 학습을 하면서 정치투쟁하는 거다
정치투쟁 별거없다
풀뿌리 민주주의에 진출하면 되는 거다
지방의회에 노동자를 다수 진출시키는 거다
국회에도 계속 진출시키는 거다
자꾸만 진출시켜 노동자계급이 의회에 절대다수가 되도록
노력하면 되는 거다

노동해방을 향한 정치진출은 매국노 정치인처럼
탐욕과 교만심 가득한 출세울타리 만들려면 안되고
겸손한 덕을 갖춰야 한다
인민을 향한 애민정신이 누구보다 특출나야 한다
노동계급의 인간해방 세상을 향하여 열심히 투쟁할줄 알아야 한다

그렇게 의회도 진출하고 지방단체장 선거도 나서고 하여
인민으로부터 추대받도록 노력해야 한다
그만큼 되려면 인민대중 속으로 파고 들어가
노동해방 철학과 사상을 학습시키는 게 중요하다

뼈속까지 매국노는 청산되어야 한다
동네방네 장악된 친자본 단체들을 소멸시켜야 한다

노동계급이 전국곳곳에 의회나 단체장 선거에 두각을 나타내면
대통령 선거에도 출마해야 한다
그러려면 절대다수 인민들로부터 지지를 받는
정치인을 만들어 내야 한다
대통령도 노동자로
의회도 노동자로
전국의 단체장도 노동자로
그렇게 차근차근 자본주의 사회를
노동해방 사회로 바꾸어 나아가보자

유혈참극없이
노동과 자본의 피터지는 전쟁없이
노동해방 세상으로 바꾸어보자
인간해방 사회로 교체해보자
한사람이 꾸면 꿈일 뿐이지만
노동계급 절대다수가 향하면
꿈은 현실이 될 수 있으리니.

노동자의 밥줄을 끊지마라!

자본주의 사회라고 자본가계급만 기고만장하면 아니되지
자본가만 권력갑질 자행되는 사회 아니되지
2500만 노동자들의 권리도 누려야지

헌법 33조 노동 3권 권리를
모든 노동자가 평등원칙에 따라 누릴 수 있어야 하는데
창업 50년이 넘었다는 대기업
세계 3대 대기업 그 대기업
현대차에 노동조합조차 만들 수 없도록
쪼개기 계약제로 노동자를 사용하고 있으니 안되는 게지
그것도 1만 명이 넘게라니 더욱 안되는 게지
직고용 비정규직으로 사용되는
촉탁직 노동제도가 그것이라니 더더욱 안되고 말고지
노동자는 자본가에게
밥 빌어먹는 거렁뱅이 존재가 아니지 않나?

하청업체로는 불법파견으로 대법판결 나버려서
더이상 파견노동제로 노동착취 못해먹게 되었으니
어느날부턴가 헌법 33조 개무시되는
다시 불법촉탁직 고용으로 노동착취 중이라니 이래도 되나?

헌법 33조 노동 3권은 노동자의 고유권한인데
그것을 자본가 지들 맘대로 고용방식을 바꿔

불법노동 사용하니 노동자는 기분 더럽지

쪼개기 계약제로 2년전에 짤리게 만든 건
헌법 33조 위반으로 불법노동 아닌가?

헌법 33조 1항에 따라 모든 노동자는
노동 3권의 권리가 보장되는 게 마땅하고 당연한 건데
자본가의 고용꼼수에 정부와 노동부 눈감아주고 있어
시정이 안되고 있으니 말이 안되는기라!

26년엔
모든 비정규직 노동제도는 불법이 되도록
정규직 고용제도만 허용되도록
26년엔
국민연금 공백기 없어지도록
같은 노동속 풍요와 빈곤이 없도록
끝으로 너무도 중요한 노동생존권
모든 노동자에게 밥줄이 끊기지 않도록.

붉은투혼 2부

붉음속으로

한국은

한국은 자유민주주의
정치와 경제가 분리된 민주주의
경제가 정치위에 있는 민주주의
조물주 위 건물주
물신숭배
자유의 다른 말 자본주의
정치 민주주의는
언제나 국민이 이길지 몰라도요
정의가 진실이 이길지 몰라도요
그것이 민주공화국일지 몰라도요
민주시민이 정치만 볼줄알고
경제는 못본다면요
사람들이 독재정치만 분개할줄알지
독점자본에 대해서는 무관심하다면요
자본에 기생하는 정치만 관심둔다면요
노동자를 업신여기는
노동자를 개무시하는
자본왕국은 계속될 겁니다
노동을 깔보는 자본을 파멸시키지 않는 한
노동혐오 자본주의를 지속가능하게 하는 한!

공백부당

공백은 부당하다!

88년에 국민연금이 시행되었다
노동자 서민층 노후생활에 도움되도록 하는 사회보장제도가 취지다
유리지갑 대기업 노동자부터 시행되었다
빨갱이정책이라며
매국노집단에 맹비난 받으면서 정부에서 시행했었다

64년생
내나이 60세라고
24년말 정년퇴직되었다

국민연금은
이미 오래전부터 더내고 덜받기 정책으로 바뀌고 있었다
연금고갈이 그 이유였다
국민연금은
사용자 4.5%와 노동자 4.5%를 더하여 9%를 급여공제로 낸다

국민연금 가입기간 1988년 1월부터 2024년 12월까지 37년간
사용자 납부금이라고 그 돈이 사용자 돈?
아니다
노동자가 노동력 제공하여 만든 상품 내다팔아 생긴 이윤이므로
사용자 납부분도 노동자 돈

국민연금은 노동자 개인의 푼돈이 모아져 목돈으로 만들어진다
전국 국민연금 가입자가 내는 돈이 모여
어마어마한 목돈으로 쌓이는 곳
국민연금 계좌
국민연금공단 직원들은 그 돈 어찌 운영할까
기금화된 국민연금 어찌 이용될까

2024년 12월말 정년퇴직한 노동자
64년생 37년간 납부된 내 국민연금
25년 1월 타먹으려니 2년간 지급유예 되었단다
뭐이런 몰상식이 통하는 국민연금이던가
국민연금 지급받을 64년생은 모두 몇명일까
2년간 지급유예로 묶어놓은
국민연금 기금은 뭐하며 지낼까
먼지만 쌓이게 놔둘까

5백여 투자전문가에게 맡겨 수입을 발생시킨다고
64년생 당사자에게 지급될 거 묶어놨어도
투자전문가 수고비 직원급여 건물임대료 전기수도세 등등
지출분에 대해서도
모두 우리가 낸 국민연기금으로 충당될 게 아니던가

내가 낸 국민연금이 어떻게 처리되는지 알길이 없다.

상류 기생충

이나라 지배층이 우리 노동자를
얼마나 얕보는지
얼마나 깔보는지
얼마나 무시하는지
얼마나 멸시하는지
노동자로 60여년 살다보니 알겠더라

이나라 상류층이 우리 노동자를
얼마나 우습게 여기는지
얼마나 하찮게 여기는지
얼마나 노예취급하는지
노동자로 60여년 살아보니 확실하게 느낌오더라
이나라가 얼마나 노동혐오 사회인지 알겠더라

가진 자들이 등따숩고 배부른 것이
없이 사는 이들의 등골 빼먹은 결과물임을
교활하고 교만하고 거만하고
야비한 그놈들만 모르고 있더라
그래서 민초들의 등골은 언제나 오싹한가?

알게 해줘야지?
87년 7 8 9 노동자 대투쟁 때처럼
어느 재벌놈이 그랬다지?

내눈에 흙이 들어가도 노조는 안된다고…
그런 못된놈의 자본가를 무릎 꿇렸듯이
가진자들 재산 모조리 몰수하야
가난한 사람들과 골고루 나눠 가져야지

그게 빈민해방이지
그게 빈농해방이지
그게 노동해방이지
그게 인간해방이지
그냐 안그냐?

노란봉투법

노랑봉투법!

노동자의 파업은 결과다.
자본가의 불법 노동탄압이 원인이다

노동자의 투쟁은 결과다.
자본가의 불법 노동착취가 원인이다

그럼에도
천박한 자본주의 사회는
자본가만 두둔하고
노동자의 파업투쟁을
불법이라 매도하며
공격한다.

자본가가 가해자다
노동자는 피해자다

정치권력이 가해자다
노동자가 피해자다

그럼에도 수배라니, 구속이라니, 손배가압류라니!

멈추라. 노동혐오 탄압을!
인정하라. 노동 3권을!

노동착취 입사 퇴사

노동착취 당하며 입사했는데…!
노동착취 당하며 정년퇴직…?

식당에서 우연히 노동선배를 만났습니다.
작년에 정년퇴직후 시니어 촉탁직으로
일하고 있다고 했습니다.
40년 넘게 정규직으로 다니셨다 합니다
아직 노동할 수 있는데 이제 올 년말
마지막날 출근을 끝으로
현대차에서 직장생활은 완전히 막을 내리게 되는
선배님을 뵙고 마음이 착찹했습니다

단체협약 25조에 정년이 있고
58세엔 임금동결을 겪어야 하고
59세엔 10% 임금삭감을 겪어야 하며
60세엔 정년퇴직후 1년 비정규직으로
노동착취를 겪어야 합니다

결국 노동자 신세가 그랬습니다
노동착취로 시작해서 노동착취로 끝나는 인생살이
그것이 우리 노동자라면 누구나 경험하고 끝내야 하는
직장생활이더군요

이대로 살 수는 없지 않습니까?
노동자로 살면서 자본가를 재벌로 만들어주고
노동자는 끝내 노동착취 당하다 정년이라는
노동제도에 묶여 쫓겨나야 하는 비참한 신세라니요?
이거 아니지 않습니까?

공 왕

손바닥에 한자로 왕자 새긴다고 왕인가
매국노 집안에서
운좋게 서울대 법대 들어가고
운좋게 아홉번만에 사법고시 합격하고
운좋게 검사되고
운좋게 총장되더니
운좋게 대선후보 나오고
운좋게 운좋게 대통령되면 왕인가
아내와 장모 부정비리 감싸려고
역모를 꾸미는게 왕인가
이보시게 왕
무늬만 왕
왕노릇 그따구로하면 안되는거네
만백성은 말일세
이런 왕을 기다린다네
애민정신 말일세
어따 쳐박아두고 허구헌날
상류층만 올려다보며 침을 질질 흘리는겐가
그게 왕인게야
상류층과만 즐겁고
노동자 민중을 압살한다면
허다한 말로 대통령이 아니라
대똥령일세

내란수괴 우두머리 공
그대는 왕이 아니라 황일세 말짱 황!
타도의 대상!
파면의 대상!
탄핵의 대상!

2025년 04월 04일(금) 11시 헌법재판소!

내란수괴 우두머리 공써글이 헌법재판소에서
파면이냐 아니냐 판가름 나는날
나도 밤새 잠이 오지 않았다

서울 헌법재판소 주변에서 밤새는 민주시민들
추운밤 따스한 집 놔두고 길거리에서 노숙이라니 이게 나라냐

몹쓸 정치 양아치들아
니들은 밤에 따스한 방에서 잠 잘자겠지?
민주시민은 나라걱정에 생업도 뒤로하고
거리에 나와 노숙하며 청렴정치 염원하며
술주정 정치 과대망상정치 파면하라 외치고 있다

정치인들아
정치 똑바로 해라
정치는 몰락해도 민의는 몰락하지 않는다
민심은 천심이기 때문이다 그러니
정치인들아
민심을 두려워하라

헌법재판소 재판관에 주문하노라
내란수괴 우두머리 윤석열을 파면하라!
내란수괴 공범자들 모두 파면하라!

국격을 손상시키는 정치인들 공직자들
민주주의 사회에서는 불필요하다

2025년 04월 04일(금) 11시
아!
드디어 들었다.
내란수괴 우두머리 윤석열을 파면한다!
아!
얼마나 목마르게 듣고싶었던 법판결문이던가

민주시민 대한국민 만세다!
참으로 기쁜 날을 기록으로 남긴다.

만 백성의 참 뜻...!

되먹지 못한 자가
무소불위의 권력을 손아귀에 쥐면 천하가 요동치더라
주변이 시궁창 같아져서
구린내가 진동을 하고
똥파리가 들끓고
모기떼가 들끓고
급기야
바퀴벌레까지 우글거리니
그게 어디 양심있는 공동체던가

탐욕의 기생충들만 좀비처럼 떼지어 다니며 물썩게하니
그곳은 시궁창에
다름아니지 않던가
물중에 정치물은 이 세상에서 가장 깨끗해야하는 물임을 모르는가

온 백성이 즐겨마실 정치물이 시궁창 같으니
어디 더러워서 마실수가 있겠는가
주변에 기생충같은 잡것들은 왜 그리도 많아
그래서 나섰잖아
손에 손잡고 맑은 정치 원하노라
평화로운 민주주의 원하노라
집에서 가장 밝은 빛을 들고나와
검은밤 밝은 꽃 빛처럼 수놓아 소리높혀 외쳤잖아

시궁창 정치 파묻어 버리고 청렴정치 꽃피우자!

만 백성의 뜻은 그것 뿐이라
민심은 천심이래지
정치인들아
모사꾼이 되지말라
제발이지 민중을 피멍들게 하는 나쁜 정치
그만하고 좋은 정치 쫌 해보거라
시궁창정치 그만 하고 맑은 정치 쫌 해보거라
나쁜 영향력 그만 내뿜고 선한 영향력 쫌 내뿜어 보아라
민심이 언제까지 철딱서니 없는 정치인들
정신차리라고 뒷치닥거리해야 하노 의?

붉음속으로...!

어려서부터였던가
자본주의 사회는 우리에게 그리 가르쳤던 거야
붉은 건 불온하다고

자본가의 노예로 생활하는 것만
옳다고 하고 바르다고 하고 좋다고 했어

자본가에게 대들고 반항하고 저항하는 건
빨갱이나 하는 짓거리라고
적색분자나 그렇게 하는 거라고
그러니 근로정신을 가지라고
근면 자조 협동에 눈뜨고
새마을 정신으로 무장하여
주는 대로 받고
시키는 대로 일하라고
어린시절부터
그렇게 그따구로 세뇌시키고 길들였던 것이야

청년이 되면서
노동자로 숱한 직장 직업에 종사하며
숱한 기업의 사용자를 겪으며 알게 된 것
폭싹 속았다!

우리는 근로자가 아니라 노동자였다는 것
근로자에겐 없어도 노동자에겐 노동 3권이 있다는 것

자본주의라고 자본가계급만 있고 자본주의 사상만 있고
철학만 있고 이념만 있는 게 아니라
노동자계급도 있고 노동자 철학도 있고
노동자 사상 이념도 있다는 사실을
노동자생활 실컷한 후에야 알게 된 거다

자본주의자에게 자본가와 한통속인 정치권력당에게
폭싹 속으며 살아왔음을
젊은시절 다 놓치고
나이들어 늙은이 소리들은 뒤에야 알아차린 거야
어리석게도

붉은 건 불온하다고? 아니거든!
노동자에겐 붉음이야말로 기본이거든
이제야 찾았도다 노동자의 길을
노동자라면 당연히 가져야지 붉음을
노동자여!
붉음의 세계로 쭉쭉 빨려들어 가보자
붉음속으로!
붉음속 깊은곳에 있는 노동자의 빛나는 세계
노동해방 사회가 기다리고 있으리니.

국가부도 1998 그리고 현대차 노동자

그때
천박한 자본주의 칼춤으로
가뜩이나 생존권의 위험이 도사려지는 마당에
노동자의 생존권만 난도질 당했었지

국제통화기금
국제구제금융
국가부도라는
보도듣도 못한 난리통에
노동자와 서민자영업자만 줄줄이 파탄났었지

노동자는 일자리 지키려고
생존권 사수하려고
가족까지 뛰쳐나와 울부짖었건만
자본가와 정권은 피도 눈물도 없었다
노란봉투 정리해고 1만 노동자 거리로 내몰렸지

악어의 눈물
사탕발림
회사가 어렵다
정상화되면 다시 부르께

쫓겨난 노동자

남은 노동자
갈렸다
몸만 갈린 게 아니라
사고방식도 가치관도 이념마저도 갈렸지

그랬었지
자본가만 성공했지
갈라치기 술법이 통했지
자본가의 작전성공

2년후 1만 쫓아낸 그자리에
우후죽순마냥 비정규직으로 채워졌지
자본가는 87년 7월 노동자 대투쟁 이후
그리웠던 저임금 장시간 노동을
98년에서 2천년까지
정권의 공권력과 구사대 폭력을 앞세워
2년동안 달려드는 노동자들 작살내고
성공시켰던 것

남은 노동자 안도의 한숨소리 자본가는 들었지
생산협조 잘하자
언제 쫓겨날동 모른다
일 있을때 열심히 일이나 하지
돈벌 수 있을 때 돈이나 벌자

노동자는 뭉쳐야 산다
단결투쟁해야 인간답게 살 수 있다가 아니라

이젠 각자도생으로
흩어져야 산다로
노동자의 사고방식이 가치관이 그렇게 바뀐걸까 무섭다
자본가의 세뇌작전 노동자 길들이기 작전

투쟁 대신에 생산협조 잘하기
단결 대신에 노동자 정신머리 콩밭에 가있게 하기
이미 그렇게 98년도부터 세뇌된 것을
이미 그때부터 길들여져 온 것을
누굴 탓하랴
누굴 원망하랴

노동해방 사회가 안오는 건
자본주의에 심취된 노동자가 더 많기 때문이지
자본주의를 신봉하는 노동자계급이 더 많아서지

현실에 안주하는가
그러다 87년 7월 이전으로 돌아갈 것이다
그래도 좋은가
노동자여
노동자여
노동자여.

자본의 문화

가진게 돈 뿐이라는 자본가는 자본의 문화를 꽃피운다
자본의 문화는 돈으로 쳐발라 만든 문화라
향기롭고 그윽하다
달콤하고 황홀스럽다
영롱하고 우러르기까지 하다
자본의 문화는 그렇다
불특정 다수를 유혹하기 딱좋다
돈으로 치장된 향내음, 시각효과, 청각효과까지
어느 것 하나라도 빈틈이 없다

노동으로 생존하는 내게도 자본의 문화는
나도 모르게 빠져들게 한다
정신차리고 보니 자본의 문화는 노동자에겐 착취의 문화다
향기로운 자본의 문화를 뒤집어 보라
빨대 꽂아 쭈욱쭉 흡혈귀처럼 빨아댄 노동착취의 흔적이 보일게다
화려한 앞에서는 보이지 않는다
오로지 음침한 뒷구석의 비밀 통로를 깨부수고 들어가봐야만 알 수 있을게다.
볼 수 있을게다.
경악을 금치못할 썩은내 진동하는 노동탄압 노동착취 그 억압의 짓밟힘으로 형성된 온화함을, 화려함을 그리고 향기로움을!

꽃 벽
(이수기업 200일 부당해고 고용승계 투쟁문화제)

2025년 04월 18일 15시
현대자동차 울산공장 정문앞
이수기업 해고자의 부당해고 철회 고용승계 복직투쟁 200일

투쟁문화제에 맞춰 현대차에서 나무로 곱게 만든 꽃 벽을 만들어
줄지어 세웠다
비정규직 해고자 노동문제에 환영이라도 할 참이려나
아니다
자본주의는 사적소유라고
영역표시한 거다
침범하지 말라는 거다
자본가의 재산이니 파손하면
손해배상 물리겠다는 거다

지나가는 양민들에겐 꽃밭으로 보이게
이수기업 해고자와 연대자에겐 지뢰밭으로
작동시키는 꽃 벽
노동자에게만
노동탄압의 꽃 벽
노동착취의 꽃 벽

집회날
천막설치하려는데

몇백명의 구사대가 들이닥쳐
아작을 내버렸다
사적소유권
자본가에게만 있고
노동자에겐 없는 건지
무력으로 빼앗아 가버렸다
날강도인가.

현대차 비정규직 해고자 노숙 쪽 잠

2025년 4월 18일 오후
현대차 울산공장 비정규직 이수기업 해고자는
부당해고 된 지 200일 째라
모여 투쟁문화제를 한 것 뿐인데
회사가 고용한 용역구사대가 갑자기 수백 명 난입해
투쟁문화제를 난장판으로 만들었어요

용역깡패의 무자비한 난동으로
순식간에 아수라장이 된 농성장
30여 명이 골로갈 번 했다지요

어느 여성 참가자는 뇌진탕으로 기절
또 누구는 타박상으로 피터지는 상처로 119에 실려가기도 했다지요

어느 사복입은 경찰은 항의하는 노동자에
일부러 시비걸고 현행범으로 체포해 가기도 했더래요
그것도 3명씩이나

거기있던 수백의 경찰들 왜 투입했나 물으니
회사가 시설보호 요청이 있어 왔다고
그래서 그런가
깡패같은 용역 구사대가
살벌하게 노동자를 패딲아도

보고도 못본 척 외면하니
경찰 지들에게 대든다고
현행범으로 체포?
공무집행방해?
공권력 행사가 지들 꼴리는 대로 집행하는 건가요

그때이후 항쟁하느라 피곤했던 몸이었을까요
아님, 200일간 새벽출투 오후출투 야간퇴투에다가
부산 구미 서울 투쟁하는 노동자
품앗이 투쟁 다니느라
눈코뜰새없이 바쁜 나날에 힘들고 지쳐 그럴까요
그날이후 정문앞 길에다 판깔고 시작된 노숙농성
비막이 천막속에 기어들어가
쪽잠자는 이수기업 해고자
보니 왜이리 마음 한구석이 시릴까요

"형님, 이래라도 잠시 쉴틈을 안주면 심장이 멈출거 같아요"
"우리의 현실이 왜이리 가혹해요?"

나는 무당파다!

나는 당이 없다
정치엔 관심 허벌나게 많다
그러므로 선거때마다 지지후보가 바뀔 수 있다

나는 비정규직 노동자다
그래서 비정규직 노동자 입장에서
정치후보들이 얼만큼 불합리한
비정규직 노동정책을 개혁할 건가를 본다

나는 노동계급이다
나는 민주주의 정치로 정치를 관찰안한다.
한국은 자본주의 세계관으로 작동되므로
정치권도 민주정치 보단
자본정치에 더 치중되고 편중되어 있는거 같아서다

노동력 팔아 생존해가는 사람이
2,700만 명이라는 어느 통계를 보았다
이 노동자만 다 노동정치 후보를 지지해 주어도
정치권력은 노동자계급에 떨어질 수 있을낀데
이번에 보니 아직 노동해방은 멀었지 싶더라

진보를 말하던 몇 개의 정치조직이
자본정치 정당후보를 지지한다고 해버리더라

그랬더니 이번엔 민주노총 지도부도
그쪽으로 넘어져 버리고
거대 양당 정치조직만 더 살찌우는 짓을
벌건 대낮에 하고있더라니깐

자본가계급 정치를 떠받드는 노동자계급
노동해방의 꿈은 멀어져만 가는구나
참 안타까운 현실 속에서 본 노동정치후보는
첫 대선행보를
지금 철탑에 올라 투쟁하는 비정규직 노동자를
찾아가 위로하는 것으로 시작했다
그리곤
서울 구미 울산 등지에서 투쟁하는 노동자를 찾아가
함께하는 시간을 가졌다
그것만으로도 충분히 검증완료!
노동자를 위한 국정운영할 후보로 나 스스로 추천완료!

생각같아선 노동정치 후보를
자본독재정치하는 것들이
뜨악하고 기겁하게 딱하고 당선시키고 싶다만.

헌법 33조가 유린

헌법 33조가 폭력유린 당하고 있다!!!

대한민국 대통령의 권한은 초법적인가요?
대한민국 정부는 헌법위에 군림하는 초법기관입니까?
대한민국 경찰의 시민인권지키미 선언에
노동자를 죽을만치 패딲아도 된다고 쓰여 있습니까?

대한민국 헌법이 유린 당하고 있습니다.
대한민국 헌법 33조가 폭력 당하고 있습니다
노동 3권이 살인적 경찰폭력에 시달리고 있습니다
노동인권 말살책동 아닙니까?

비정규직 대통령
장관 차관 정부관료 경찰공무원 군공무원
국회의원들

당신들이 가족과 도란도란 밥먹을 때
거기 있는 밥상머리에 올려진 밥 국 반찬들 속에
노동자가 낸 세금 일부가 없습니까?

대한민국 인구절반인 노동자도 꼬박꼬박 세금내는
대한민국 주권자인데요.
왜, 당신들 모두 하나같이 노동자만 적대시합니까?

다시, 조선독립만세!
(25년 광복 80년이라기에)

1945년 8월 15일 조선땅
일본 식민지배 당해오던 35년후
갑자기 그 기세등등하던 일본인 관료들이
모두 숨어 버리거나 줄행랑쳤다
이게 뭔일이고?

일본 무조건 항복소식
일본 패망국 소식
조선이 해방됐다아 조선독립만세!

기쁨의 함성 외침도 잠시 어?
조선은 하나였는데 누가 갈라놨지?
거기다 미군부대는 또 왜 들어와?

일본인에 의해 작동되던 조선 이남지역
갑자기 사라지니 무방비 상태 무정부 상황
정치력 가진 조선인 스스로 자주독립 정부를 세우려는데
미국 군대가 선수치네
이게 뭔 변고?

맥아더 포고령 1호
조선 이남지역은 미군이 점령했으니 미군정 통치를 시작하노라 왜?
우리 민족 독립된 게 아니었어?

왜 외국군대가 쳐들어와 주인행세하지?

조선은 하나다!
분단획책 중단하고 외국군대 물러가라!
미군통치 필요없다 자주독립국 인정하라!

미군통치 시작되니 전국이 분노의 도가니
더구나 일본인 앞세우니 변한 게 하나없어
이건 아니지 이건 아니야!

조선은 하나다!
자주독립국 투쟁 다시 시작한다
조선 인민들 다시금 떨쳐 일어나고
그리하여 시작된 자주독립국 쟁취투쟁
1945년 8월 15일 이전 일제식민지 항일유격대 활동 이어
1945년 8월 15일 이후 미제식민지 항미유격대 활동 전환
조선은 하나다!
이남 이북 합하여 조선해방군 투쟁 시작

1945년 9월 7일 이후부터 1950년 6월 미군통치 5년
지들 맘대로 한반도 분할통치 한답시고 삼팔선 그어놓고
야비하고 살벌한 미국식 자본주의 심으려 술책부림

군산복합체!
그걸 왜 조선 인민에게 강요해?
부당하다
조선인은 조선인의 생활양식대로 살겠다

거부하니
미군통치가 법
미군통치 거부하면 빨갱이
조선을 점령했던 일본인에 또 친일파 집단에 반항하고 저항하는
조선 인민 빨갱이로 몰아 사살할 권한을 부여할테니
마녀사냥 맘껏 즐겨라
빨갱이는 그 가족까지 학살해도 좋다
여자는 겁탈하고 죽여도 된다
죽창으로 찔러 죽여도 된다
대검으로 쑤셔 죽여도 된다
돌로 쳐 죽여도 된다
총으로 쏴 죽여도 된다
미군통치를 거부하면 모조리 학살하라

조선 인민들
일본제국 식민통치시절에 경찰과 군대에 치를 떨었는데
미군이 침략하고 점령통치 한
조선이남 더했으면 더했지 덜하진 않았다

일본제국을 패망시킨 미국제국
패전국 일본만 점령통치하면 되었지
왜 조선까지 넘봐?
조선은 패전국도 아니었는데
그냥 조선독립국 건설하게 놔두지
왜 무고한 조선을 침략하고 분단획책 했어? 왜?

교활하고 야비하다 미군통치

치떨림으로 분노로 떨쳐일어난 조선해방군
조선은 하나다!
조선은 패전국이 아니다!
물러나라 외국군대!
쟁취하자 자주독립국!
미제군대와 친일세력 매국노 몰아내려
결사항전을 시작한 항미유격대 투쟁

3년을 몰아내려 애썼지만 미제국의 명령에 복종하는
수십개국 연합공격으로 미군통치 이남지역 미국에 빼앗기고
전쟁은 휴전협정
삼팔선 통치강화 철조망 세우고 판문점 세우고
미군통치 이남지역 되었어라
오호 통재라!

이남지역 고립된 항미유격대 산속으로 피신해 활동하던중
일본군대 미국군대 합동 토벌대에 모두 전사하거나 투옥되거나
정전협정에 따라 조선 이북으로 돌려보내야 함에도
빨갱이 간첩으로 몰아 모조리 학살

미군과 한통속된 매국노 지배계급은
급속히 빨리 일본법전 그대로 이름만 국가보안법으로 바꾸어 놓고
미군통치 반대 매국노 정치집단 반대를 외치면
조선은 하나다를 외치면
빨갱이 간첩으로 몰아
쥐도새도 모르게 잡아가 족치고 무조건 사형시켜 버렸잖아

2025년 8월 15일이 광복 80주년이래
조선에 광복된 날이 어딨었니?
일본을 미군이 침략해 조선에서 몰아내고
지들이 주인행세 자행하고 있는 게지
80년간이나

1945년 8월 15일 이전 일제식민지 항일유격대 투쟁
1945년 8월 15일 이후 미제식민지 항미유격대 투쟁중
내말 틀렸니? 틀렸어?

낫에 찍힌 어머니의 발등

매우 어린 시절
동네어귀 야산으로
어머니따라 나무하러 갔었습니다

젊은 아낙 어머니는
나무라도 해서 내다 팔아야
밥이나마 먹는다며
낫과 새끼줄들고 산중턱에 올랐습니다

어머니는
가져간 새끼줄 넓이만큼
마른 나뭇가지를
모으기위해 찾아다녔습니다
절반정도 나뭇가지를 모았을 때
제법 굵직한 나뭇가지 하나를 찾아냈습니다
어머니는 낫으로 나뭇가지를 내리찍기 시작했습니다

이제 조금만 더 낫질하면 끊어질 나뭇가지가 위태롭게 달려 있을때
있는 힘껏 내려친 한 방
윽!

어머니의 짧은 비명소리에 놀라 어머니 곁으로 가 본 어린 아들
나뭇가지를 토막내고 가서 꽂힌 자리

어머니의 한 쪽 발등
시퍼런 낫날끝은 어머니의 발등을 사정없이 관통하고
신고있던 하얀 고무신까지 뚫어버렸습니다

낫을 냅다 뽑은 어머니
발등으로 피가 솟구쳤습니다
어머닌 머리에 두른 수건으로
피발을 감쌌습니다
주변으로 깔린 검붉은 노을도 어머니 핏빛발을 감싸주었습니다

어머닌 모은 나무를 새끼줄로 묶어
단으로 만들어 머리에 이고는
피범벅된 발을 절뚝거리며
마을로 내려갔습니다

짙게 깔린 검붉은 노을도 사라지고
어둠이 내려 앉을 무렵

검붉은 노을속 낫에 꽂힌 어머니의 발등
그 장면이 내 뇌리속에
마치 지금 찍은 사진처럼
선명하게 박혀있습니다.

주권상실!

육이오 75주년이라는 말에 한마디
주권상실!

1차-일본놈, 36년 조선 통치
2차-미국놈, 80년 한국 통치

일본은 나라 혼란을 틈타 불법 침략했고
미국은 나라 공백기 틈타 불법 점령했고
한국은 패전국도 아닌데 왜 불법점거함?
이게 나라냐!

주권이 상실된 나라
어항속 물고기 같은 신세
아무리 민주주의 중요성 외쳐도
우물안 개구리 같은 신세
이게 나라냐!

군사주권 없으면 자주독립국 아님!
식량주권 없으면 자주독립국 아님!
2차 식민지배 당하면서
미제국에 모조리 빼앗기고 있는 중이니 이게 나라냐고
주권이 상실된 나라지

미제국이 한국의 식민지배를 위한 무기사용 3종
하나. 군사성 무기
둘. 경제성 무기
셋. 사상성 무기

이제 좀 미군추방허고 빼앗긴 주권 되찾을 때
자주독립국 쟁취할 때
한겨레 한민족으로 합칠 때.

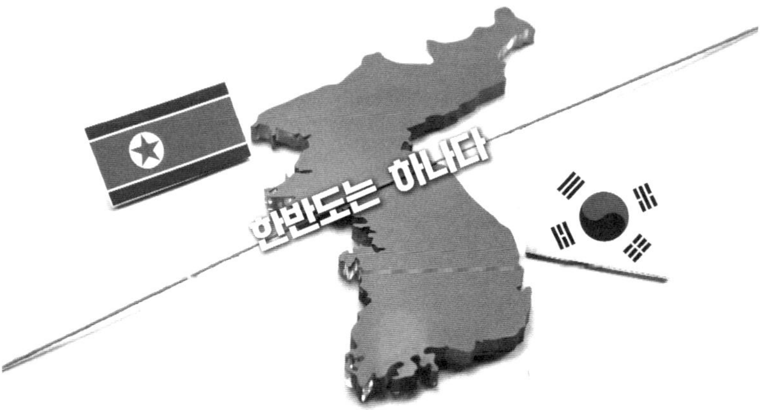

매국노 보호법 100년

한국에만 있는 그 [매국노 보호법 100년]
이제 폐지하자!

1. 일본인+친일파 보호법*
경술국치일 1910년 8월 29일 이후
일본제국주의자들은 모여
조선을 식민통치하기 위한 법을 따로 만들었으니

다들 모여봐 모여봐
조선은 일본대제국에서 식민통치하는 나라야
조선놈들 인간취급하면 돼 안돼 당연히 안되지
노예취급해야 되거든
근데 이것들이 자칫 기어 오를 수 있어
그땐 어떻게 해야 돼?
당연히 닥치는 대로 조지삐리야지
그러려면 뭐가 필요해?
법이 필요하지
어떤 법? 일본인 보호법! 친일파 보호법
조선놈들이 알아먹기 쉽게 〈치안유지법〉 어때?
좋아 그거로 정하지
1925년 5월 12일 〈치안유지법〉은 그리 만들어진 거야
오로지 일본인의 생명과 재산을 보호해주고 조선인중엔
친일파가 많으니 그것들을 일본경찰로 취업시켜 부려먹는 거야

독립운동하는 조선놈
노동운동하는 조선놈
항일유격대 같은 것들을 싹 잡아 족치게 하는 법이지
마루타로 여겨 온갖 온갖 고문을 다 자행해보자구
손톱도 뽑아보고 발톱도 뽑아 보는 거야
그러다 죽어도 괜찮아
아무 데나 갖다 묻어버려

36년간 일본의 조선침략만행은 그렇게 시작되었고 끝났으나

2. 미국인+일본인+친일파+친미파 보호법**
1945년 8월 15일 이후 조선 한민족 이남을 무단침략한 미군은
불법통치를 시작하였다

미군지배계급은 일본인 친일파 모아 다그친다
일제때 항일유격대가 있었지
독립군이랍시고 깝죽거렸어
〈치안유지법〉으로 잘 잡아 족쳤어
그것들이 항미유격대로 이름을 바꾸고
이번엔 미군을 공격하고 있어
일본인 친일파도 무사하지 못할걸
우리가 권한줄게
법도 바꾸자
이젠 세상이 바뀌었으니 [국가보안법]으로 하는거야
미군통치 반대하면 무조건 빨갱이로 몰아 죽여버려
일제때도 항일유격대 빨갱이로 몰아 학살하니 좋았잖아
우리도 그대로 써먹는거야

우리의 주적은 이북이야
북을 찬양하거나 동조하면 무조건 잡아족쳐버려
미군보호 일본인보호 친일친미파보호
모든 매국노 보호받으려면 [국가보안법]이 꼭 필요하니
잘 만들어봐
일제 치안유지법이 잘 만들어져 있더라
그걸 모방해서 만들어봐
제목만 [국가보안법]으로 바뀌는거야

1948년 8월 31일
매국노 정치세력은 그렇게
미군정과 협치하여 [국가보안법]을 제정
그 이후 모든 정치권력은
항미유격대 민족해방 노동해방
외치는 인민들 억압하는데 악용되어 옴

1925년부터 2025년!
치안유지법, 국가보안법 100년!
누가 피해자이고 누가 가해자인가?
국가보안법 철폐를 외치는 인민은 피해자
국가보안법 존속을 외치는 매국노는 가해자

한민족을 거부하는 반민족 악법 [국가보안법] 철폐하라!

항미문학유격대를 만들어 실천투쟁으로!

1945년 8월 15일 이전
일본의 전쟁광끼 지배계급은
일본군을 조선에 보냈다
조선을 불법침략한 일본지배계급은
조선을 식민지 삼고 수탈약탈을 일삼았다
일본의 억압에 분노한 조선인민은 백두산 근처에다
항일유격대를 조직하여 침략일본에 맞서 용감하게 싸웠다.
오로지 빼앗긴 나라를 되찾겠다는 일념으로

1945년 8월 15일 이후
36년이나 조선을 강점하고 중국까지 침공하며
온갖 악행을 저지르다가 갑자기 패망해버렸단다 웬일이고?
알고보니 미국 영토까지 넘보다 미국에서
원자폭탄 2개를 일본영토에 투하하는 통에
일본 무조건 항복!
일본군 중국에서 철수
일본군 조선에서도 철수
약삭빠른 미국은 이 절호의 기회를 놓치지 않았어

조선에서 일본군 밀어낸다는 구실로 무단점령하여
조선총독부 미군이 차지
그때부터 또아리 틀고 앉아 불법통치중
해방군으로 위장한 점령군이었던 미군

일본침략 피해국 한반도 조선
패전국 일본이야 미국이 먹어도 된다지만
조선은 패전국도 아니었는데 왜 먹어?
그것도 한반도 절반을 분할통치한다는 이유로

조선인민은 한반도 분단도 원치 않았고
전쟁도 원치 않았는데
미군정이 통치하면서 좌우익 갈라치기 술법으로
끝없는 내전으로 치닿게 했더구만

항일유격대 투쟁하던 인민들 다시모여 시작한
항미유격대 투쟁
미군과 일본군 합세해 마녀사냥식 강경토벌 당하고
여세몰아 전쟁광끼 미국본토 북침전쟁 몰아붙이고
한반도 전체 땅따먹기 전쟁 3년으로
군산복합체 경제공항 타개하려 남아돌던 폭탄 한반도 상공에
비처럼 쏟아붓고는 삼팔분단선 그대로 정전협정으로 전쟁 끝!

패전국 일본의 협조받아
미국식 자본주의 체제로 한국인들
세뇌시키며 80년째 지나니
한국사회가 통째로 친미반북반공나라 되뿌리고
일부 각성하여 항미반미 맨 몸 투쟁중
그래 글쟁이들 뭉쳐 일어나라!
가만히 있을수 없다 실천투쟁!
글로라도 항미투쟁!
글이라도 반미항쟁!

항미문학유격대 만들어 실천 투쟁!
주한미군추방할 때까지 투쟁!
군사주권 생길 때까지 투쟁!
한반도 두덩어리가 한덩어리될 때까지 투쟁!
자주독립국될 때까지 투쟁!
민족해방 올 때까지 투쟁!

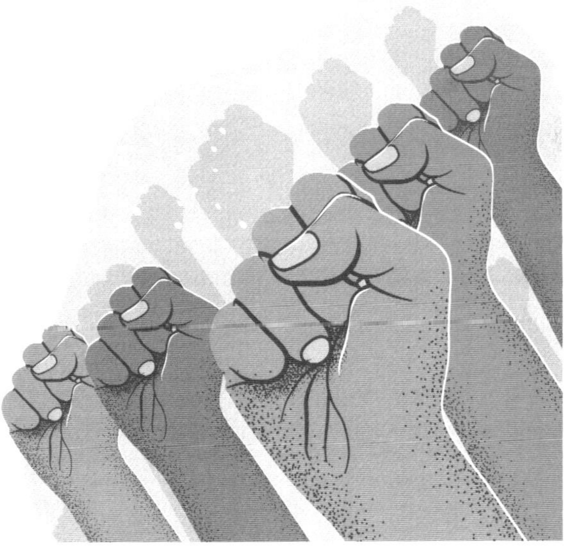

자본주의 늪

자본주의 사회는 씀씀이를 헤프게 만든다
출세하기 위해
부자되기 위해
큰 꿈을 펼치라고
어려서부터 길들이는 사회구조

풍족한 생활
여유로운 삶
뭉게구름 타고 다니며
솜사탕 뜯어먹는
달콤한 행복감속에 젖어 살라고
온갖 과대망상 속으로 끌어들여
정신머릴 홍알홍알

음주가무에 유흥으로
꿀범벅 시킨 화려한 조명빨 속에서 흥청망청

하루살이 날품팔이
노동으로 내몰리면서도
로또 1등 당첨의 개꿈 속에서
허우적 허우적

자본주의 숲은 죽음의 늪!

벗어날 길 오직 하나

노동자 철학으로 의식화
노동해방 사상으로 정신무장
학습으로 생활화
그리고 그리고 그리고

노동해방 사회를 꿈꾸기
노동해방 사회를 향하여
단결투쟁하기.

전태일 기념관

《전태일 기념관은 “아름다운 청년”이 아니라 “노동해방의 불꽃” 이어야 한다!》

민족작가연합 작품집 발표회에 가봤습니다
전태일 기념관에서 하였습니다
처음 울산에서 가봤습니다
잘 꾸며 놨었습니다

전태일 노동열사는 누구보다 치열하게 노동자의 권리를 외치다
자본가계급 갑질과 억압에 화형당하신 분으로 기억됩니다. 저는요
그런데 입구에 오래된 어느 해에 영화화된 바 있는
영화제목《아름다운 청년 전태일》기념관이라고
간판이 되어 있었습니다.
그 절박했던 청년 노동현실이
그 처절했던 청년 노동현실이
어느새 아름다운 청년 노동현실로 둔갑해 있었습니다

뭐가 아름다운가요?
자본가의 악날한 노동탄압이?
군사독재 정권의 잔인한 노동혐오 정책이?
절박함으로 외친 “근로기준법을 준수하라!”는 외침이?

현재의 기념관 이름보다 그게 더 어울리지 않겠습니까?

지금도 해마다 11월이면 민노총에서 전국노동자대회를 열 때면
내세우는 구호가 "전태일 노동열사 정신계승"의 의미가
아름다운 청년 전태일을 본받자가 아니잖습니까?

오래전 전태일 노동열사 일대기를 방영할 때
문성근 배우가 했던 말이 내내 기억에 남아 있습니다

"노동해방의 불꽃!"

차라리 입구와 꼭대기 벽에다 그 문구로 바꾸는게 어때요?

요즘 전태일 기념관 내부가 시끄럽더만요
권력갑질의 서막일까요?
초지일관!
초심으로 돌아가자!
그런 문구가 떠오르네요

노동해방 사회가 올 때까지 투쟁!

25년 어린이 날

5.5. 오늘은 어린이 날!

수많은 어린이들이 자랍니다.
자본가의 어린이는 자라 도로 자본가가 될 것이고
노동자의 어린이는 자라 다시 노동자가 되겠지요
아!
이 자본주의 굴레에서 노동의 새벽은 오려나요?
노동해방 사회는 되려나요?

얼렁뚱땅 완벽품질

생산제품의 품질은 노동자에게도 생명력이다
자본가에게 돈받고 하는 일이니 잘하는게 당연하다

완벽품질!
자본가는 언제부턴가 노동자에게 강요하기 시작했다
그것도 집요하게
그카면 좋은 품질의 현대차가 만들어지려나?

품질좋은 차로 생산되려면 여러가지 조건과 환경이 충족되어야지
정규직 노동자
생산직 숙련자
풍족한 노동력의 댓가
풍성한 후생복지
노동존중
쾌적한 생산환경

현대차 정규직에겐 이 모든 게 충족된 거 같다
허나 비정규직이 문제다
자본가는 자동차 생산판매로 발생되는 이윤율을 높이기 위해
무분별하게 비정규직 노동자를 사용하고 있으니
같은 일 같은 작업 같은 공정 일하는데
임금과 복지차이가 천차만별

가끔 수백대씩 공정마다 불량생산품이 발생
그 이유는 하나였다
모두 한결같이 비정규직 공정에서 나왔다

정규직의 절반이 비정규직 일자리다
정규직이 휴가가고 없는 공정엔
생판 낯선 노동자가 생판 모르는 일자리에 투입되어
처음 다뤄보는 일을 한다
작업방식만 대충 알려주고 어서 빨리 일하라고 다그치니
처음해본 노동자 당황스럽다
잘해야지 하는
신경쓸 겨를도 없이 돌아가는 공정에 맞춰 조립해 보낸다

조립부품은 차량에 탑재되어 완성차가 되고
실험가동하니 어딘가 이상해서 재점검
일용직 노동자가 작업했던 공정에서 잘못조립 그런일 비일비재
어느 부품오류로 완성차 수만대 반품사태
멋모르고 작업했고 다음날 왜 쫓겨나는지도 모르게
출근정지 당하는 노동자 부지기수
일용직 노동시장에 일할사람 쌔비릿으니

품질좋은 자동차 생산하려면
생산직 노동자에게
기업에 대한 자긍심과 직업에 대한 자부심을 심어줘야지
이익금 더 챙겨먹으려고
절반의 노동자를 비정규직으로 사용해먹으니 빛좋은 개살구

정규직 고용하라
숙련공 키워라
노동자를 존중으로 대하라
생존에 필요한 복지를 향상해라
그게 최상의 품질좋은 차를 생산하는 길이니.

어버이 날 꽃

매년 해마다 5월 8일
오늘은 어버이 날
자식들은 잊지 않고
어버이 날이라며 챙겨주었어요

아들이 건넨 어버이 날 꽃
옷깃에 달고 출근했어요
회사 동료들이 와~ 했어요

볼일보러 화장실 가니
저보다 젊은 여성 청소노동자가
열심히 청소중이었어요
저는 옷깃에 부착된 꽃을 때어내어
저보다 젊은 여성 청소노동자에게 내밀었어요

이거 달아 드릴까요?
아니오 아니오
오늘이 어버이 날이라고 우리 아들이 달아 줬어요

아! 그래요
오늘이 어버이 날이구나
우린 그런 날 있는 줄도 모르고 살아요.

우리의 소원은 통일?

우리의 소원은 통일?
우리의 소원은 독립!

1947년 발표된 노래
처음엔 우리의 소원은 독립이었다고
1945년 8월 15일 이전
일본에 강탈당했던 나라 조선
1945년 8월 15일 이후
미국이 다시 불법침략하고 불법점령한 나라 한국
그 치떨리는 시국에 분단까지라니
노랫말 쓴 작가는 그 참담한 심정을 이렇게 담았다는데

우리의 소원은 독립
꿈에도 소원은 독립
이 목숨 바쳐서 독립
독립이여 오라

이 겨레 살리는 독립
이나라 찾는데 독립
독립이여 어서 오라
독립이여 오라

1948년 한반도가 삼팔선으로 갈리고 천하의 매국노

미제국 식민통치 등에 업은 이승만 남쪽 단독정부 세우자 지지자였는지 이후 '독립'은 '통일'로 바뀌고 '이 목숨 다해서 독립'도 '이 정성 다해서 통일'로 일부 가사가 바뀌어 불리게 되었다고?

우리의 소원은 통일 / 꿈에도 소원은 통일 / 이 정성 다해서 통일 / 통일을 이루자 / 이 겨레 살리는 통일 / 이 나라 찾는데 통일 / 통일이여 어서 오라 / 통일이여 오라 /

1948년 8월 15일 이승만 정권치하에서 불려진후
1954년 당시 정부에서 독립을 통일로 하자는 제안을
작사가가 받아들여 교과서에 실리면서
통일을 염원하는 상징의 노래가 되었다고
북진통일 외치던 매국노 집권세력들은 그노래 부르면서
미국식 자본주의 식민사회로 통일을 염원했으려나?

다시 본래의 초기 독립노래로 바뀌었으면 싶다
한반도는 아직 분단되어 있고
한국은 아직 독립된 나라가 아니니까
군사주권 없는 나라를 독립국이라 말할 수 없는 거니까
한국 주요지역 곳곳에 미군기지가 있고
한반도 분단의 심장격인 판문점도 미군이 장악하고 있기 때문에
분단 두 체제가 서로 적대시하고 있으니까
분단을 건드리면 국가보안법에 의해 빨갱이가 될테니까
분단을 없애자하면 한미군사협정 조미정전협정 위반이라 할테니까

그렇다고 그러니까 건들지 말아야 하나?
영원히?

한반도는 조선민족이었고 한겨레 한민족임에도?
누가 왜 철저하게 한민족 한겨레를 둘로 갈라놓고
접근불가 시키고 있는 거지? 누가?
정전협정을 평화협정으로 바꾸자는 데도
전혀 바꿀 생각이 없는 파렴치한 미국 아님 누굴까?

한국을 독립시키자
미제국의 손아귀에서 이제 그만 벗어나게 해주자
한국의 독립이 먼저다 자주독립이 우선이다
주한미군을 추방해버리자
자주독립 되고나면 한반도 통일은 알아서 올테니
통일은 스스로 될 것이니.

붉은투혼 3부

어느 비정규직 노동자의 외침

가자 총파업으로!

가자, 총파업으로!
현대차 노동자여 다시 일어나자!

가자, 총파업으로!
억압된 노동에 불타오른 노동열사
노동탄압에 구속 수배 손배가압류
피말린 흔적이 공장 곳곳에서 지금도
살아 숨쉬고 있는데 자본가는
50년 창업정신 50년 더 이어가자고?
지랄도 풍년이지않나?

가자, 총파업으로!
자본 3대 할아버지
창업주 물려받은 2대 아비
대물림된 3대 손자 아들 자본가

가자, 총파업으로!
구멍가게에서 대기업으로
수십개의 계열사를 거느린 그룹으로
문어발식 확장 또 확장
자본가는 50년동안 그렇게 재벌기업으로
급성장하는 동안 노동자는?

가자, 총파업으로!
과거나 지금이나 노동혐오 사회
친자본 반노동 독재권력의 비호아래
갑질폭력으로 기세등등하게 억압착취당했던 노동
일하다 철판에 깔려죽고 낑겨죽고 떨어져 죽어도
파리목숨에 개값처리 당했던 노동
그나마 산 노동자 정년퇴직되면 뭐하나?
생산수단 가진 자본은 대물림 되어도
노동은 거기서 끝장나는데
기업은 여전히 자본가의 것

가자, 총파업으로!
이윤이 있는 곳에 보상이 따른다고?
그런 개소릴 믿나?
그럼 이윤 없으면 노동력의 댓가도 없나?
개조또 사탕발림에 그만 속자
노동자는 기계가 아니다
전태일 노동열사가 괜한 외침으로 불타오른 게 아니다
노동자의 요구는 정당하다
공정분배!
그게 답이다

가자, 총파업으로!
생존권이 노동력의 가치다
50년 키워온 기업 50년을 더 준비하자고?
노동자를 위해서인가? 아니잖아
생산수단 가진 자본가를 위한 거잖아

생산수단에 노동자의 몫은 없다
본래 노동자 몫이어야 할 자본가의 이윤
자본가가 독차지하려는 짓
그래서 공정분배!
노동자의 몫을 제대로 챙기자는 것
그것이 노동력의 정당한 댓가

가자, 총파업으로!
노동자의 몫은 돈에만 있는 게 아니다
단협 25조 개정 쟁취
정년연장 쟁취
불법파견 대법판결 준용약속 쟁취
해고자 원직복직 쟁취
그 요구안도 중요한 노동자의 몫이다
그런데 안준단다 못주겠단다
아! 열받는다!
우리 모두 일손을 놔뿌자
그것이 단결이다
우리 모두 투쟁에 나서자
그래야 공정분배 노동자 몫을 쟁취해 낼 수 있다
그것이 참된 노동력의 가치다
자본가의 이윤은 모두 노동자의 몫이다
노동자의 당연한 몫 찾기위해
가자, 총파업으로!
가자, 총파업으로!

노동해방을 외쳐라!

냉혹한 자본주의 세상이다.
야비한 자본주의 사회다.
노동자에겐 무산자에겐
노동지옥 노동혐오
자본가계급이 판치는 자본천국
자유민주주의 사회다

노동해방!
1970년 전태일 노동열사가 외쳤다
노동해방!
1987년 7월 후 전국의 노동형제가 외쳤다
노동해방!
그 살벌했던 정권과 자본의 공안탄압 속에서도 외쳤다

세상은
노동자계급 무산자계급에 의해 작동된다
노동자계급 무산자계급이
만들어내는 초과이윤을 착취갈취해서
한줌 자본가계급이 독점차지하여 막대한 호강을 누리는 것이다

그들이 만든 법과 생산수단으로
노동자계급 무산자계급이
창출해낸 막대한 초과이윤을 강탈해간 것이니

노동자계급 무산자계급에 소유권이 되돌아와야 하거늘
처음부터 부의 원천은
노동자계급 것인 바
무산자계급 것인 바
강제로 빼앗긴 노동자의 몫을 되찾자

본래 노동자계급 무산자계급의 몫이니
본래 주인에게로 되돌려지는 사회
그 사회가 바로 노동자계급 해방된 사회다

노동자계급 무산자계급 몫을 되찾자!
단결하라!
학습하라!
투쟁하라!
노동해방을 외쳐라!
노 동 해 방!

노동자계급 해방사회가 올 때까지 투쟁!

자본가의 꿈

자본가의 꿈이 그것이다!

자본가의 꿈이 그것이다
천박한 자본가
노동귀족이 생겨나는 걸 못참아 하는 것

자본가의 꿈이 그것이다
민주노총을 수단방법 가리지 않고 깨부수기

자본가의 꿈이 그것이다
민주노조에 대한 불타는 적개심으로
민주노조를 몰살시키는것

자본가의 꿈이 그것이다
우짜든동 노동자를 노예로 부려먹기

노동자를 간첩으로 조작질하고
빨갱이로 둔갑시키고
폭력배로 날조시키는
이 피눈물나는 노동혐오 사회에서
노동자는 생존을 위해 몸부림쳐야 한다

보아라!

천박한 자본주의 나라야
노동시간 늘려 노동착취할 궁리나 할 게 아니라
썩어빠진 자본주의 생산양식부터 없애라! 폐기하라!
노동자도 인간답게 살 수 있게 개혁하라!
그것이 노동자의 염원이다.
노동해방 사회를 향하여 투쟁!

임금동결

나는 올해 임금동결...!

1964년생
나는 올해 임금동결
단협 25조.정년.적용으로
나는 올해 임금동결
임금협상으로 얼마가 오르던간에
나는 올해 임금동결
기초시급도 최저시급 안되던데
나는 올해 임금동결

물가가 치솟았다 해도
임금빼고 다 올랐다 해도
나는 올해 임금동결
주민번호 앞자리 두자리가 64면
무조건 임금동결
나뿐만 아니라 64년생 조합원 하나같이 임금동결
이 나이에 이르면 조합원 모두 임금동결
단협 25조에 의거 누구나 임금동결
악법개정 않는한 언제나 임금동결

내년엔 임금삭감
단협 25조.정년. 적용으로

임금을 10%나 삭감
물가가 솟구치고 올라도 지미럴
정년을 1년 앞둔
노동자만 임금 10%삭감
이게 말이 돼? 말이 되냐고!
노동력은 100% 제공인데
왜, 그 가치만 90% 주냐 말이지

거기다 강퇴후 시니어 촉탁직
그때는 더 끔찍한 노동현실이 기다림

단협 25조는 정말 엿같으니까
단협 25조를 제발 뜯어고치자!

아!
이 비참한 노동현실에서 벗어나고 싶다
해방되고 싶다!
단결 투쟁!

아!... 시니어!

아!... 시니어!
어제까진 동료였는데
오늘부터 아니라 하더라

어제까진 정규직이었는데
오늘부터 비정규직이라 하더라

어제까진 조합원이었는데
오늘부터 비조합원이라더라

아!... 시니어!
시니어라는 이름의 촉탁직
1년짜리 비정규직 일자리

정규직 집단속에서 정년퇴직을 이유로
강제로 퇴출되고나니
무시되고 멸시당해야 하는 일자리

아!... 시니어!
주눅든다. 슬프다. 서럽다
차별, 차별, 차별!
인간차별, 임금차별, 복지차별!

아!... 시니어!
옆에서 같이 일하는데 왜 그래야 하는가?
노동력은 똑같이 제공되는데
왜 불이익 당해야 하는가?
깎여진 노동자 권리는 권리라 할 수 없다!

시니어 없애 주세요!
촉탁직 노동제도 없애 주세요!
비정규직 노동제도 없애 주세요!

지금 노동조합 집행부님!
시니어 촉탁직 노동제도 철폐!

오로지
자본가의 이윤증대를 위해 노동자들의
숨통을 쪼이는 수법 손배가압류, 없애자!

오로지
자본가의 불법에 면죄부 쥐어주는 부재소!
불파노동자의 권리를 순식간에 물거품 만드는
부재소, 없애자!

오로지
노동력을 깎아 내리는 임금피크제 없애자!
자본가만 이윤증산 시키는 임금피크제 없애자!

노동 3권 쟁취! 정년연장 쟁취 투쟁!

노동 두 부류

노동자는 두 부류다!

노동자는 하나다?
아니다
노동자는 두 부류다
하청 노동자
원청 노동자
비정규직 노동자
정규직 노동자

노동자가 두 부류일 때
노동자는 하나의 나무젓가락에 불과하다
노동자는 하나 아니다

비정규직 노동제도
하청 노동제도가 철폐될 때만이
노동자는 하나다!

노동자는 하나다!
그 외침은 노동억압에 처한
비정규직 노동자의 처절한 절박함이다

노동제도가 두 부류일 때

천박한 자본주의 사회는 계속된다
단결로 투쟁으로
비정규직 노동제도 폐기시킬 때
노동해방 사회가 가까워 지리라.

류재운 그림노동자 작

거제조선 철벽 앞에서!

2022년 7월 20일 거제 조선소 거리는 뜨거웠다.
14시 노동자대회
대우조선 비정규직 노동자 투쟁승리!
노동중심 산업전환!
뜨거운 거리 거제 조선소 문앞엔
노동자 집회에 함께 하려고
금속 노동자들이 속속 모여들었다.
거리를 꽉 채운 노동자는 태양작열
열받아 뜨거운 바닥에 모여앉아 구호를 외쳤다

노동자는 거대한 물결같이 일렁이며 행진을 했다
뜨거운 태양열 가득한 거리를
걸어걸어 노동자의 물결은
후문에 당도했다

자본가는 문을 없애고
철벽을 만들어 노동자의 물결을 차단했다
공장속에는 경찰과 구사대가
노동자를 비웃고 있었다

자본가의 철벽은 이렇게 말했다
노동착취 계속한다
노동탄압 계속한다

인간차별 계속한다

나는 철벽 앞에 서서 침묵으로 절규했다
그날 안에서 투쟁하는 노동자의 피눈물이 떠오른다
스스로 쇠창살속에 가둬버린
노동자의 분노가 치밀어 오른다

노동자 생존권 길을
노동자 단결권, 투쟁권 길을
파렴치한 자본가는 철벽으로 그 길을 막아버렸다

노동자의 단결투쟁만이
이 비참한 노동현실을 바꿀 수 있다
단결 투쟁 연대라는 노동자의 품앗이투쟁
그 거대한 물결만이
이 천박한 자본주의 구조를 혁명해 낼 수 있다
노동자 혁명은 가능하다!
철벽 앞에서 나는 그것을 감지했다
철벽 앞에서 투쟁!
함께 살자!

왕놀이 그만하고 쌍퇴진하라!!!

범 없는 곳에선 늑대가 왕이랬던가
왕도 아닌 것들이 왕놀이라니
가관일세

볼품없는 민초에 속하는
나도 그리 보이는데
기품있는 학자들 눈에야
어찌 더 잘 들릴꼬

한번 엎어지려다 회생했으면
겸손할 줄 알아야제
어찌 그리 번갈아가며
민생고 향해 사시미를 뜨고 있는가

게다가 양의 탈을 쓴 늑대짓거리라니
눈이 멀었나
귀가 먹었나
민주시민이 그마이 흉보고 삿대질해도 못알아듣네

아니 너 말이야 너
탄핵된 왕 말고 너 말이야 너
정권 바뀌면 골로갈 니들 두 권한대행!

버려지만도 못한 것들의
행복추구권 때문에
만 백성이 불행해질 순 없는 일

사악한 집권세력 파멸될 때까지
몰아치자 민중투쟁!

비오는 날 움막 안에서

푸른하늘 검은 먹구름 속에서
빗물이 쏟아지는 날
대기업 정문앞엔 움막이 여러 개 있어 가보니
난쟁이 움막 안
허리조차 굽혀야 하는
어두컴컴한 막사 안
대기업에서 쫓겨난 비정규직 노동자들이
길건너 어느 식당에서 지원한 차가운 도시락을 까먹는 풍경
내눈엔 피눈물 삼키는 듯이 보이었어라

이게 무슨 난리통인가
2025년에 1950년 전쟁통에 피난민이
허리도 못펼 임시 움막속에 쪼그리고 앉아
허겁지겁 밥먹는 풍경이라니
지금이 그시절인가
참말로 어이없고 분통 터지는 일
이거이 사람사는 세상이랄 수 있나
몸서리쳐지는 마음이어라

생존권 사수하려 단결하고 투쟁에 나섰을 뿐이거늘 보복해고라니
비정규직이라 얕보는 게지
하청노동자라 깔보는 게지
그렇지 않고서야

어찌 그리 초고속 정리해고로 내쫓을 수 있겠냐고

자본가에게 노동자는 뭘로 비치려나
원청노조는 비정규직 노동자를 뭘로 여기려나

보이는가
돼지우리보다 못한 움막 속에서
쫓겨난 비정규직 노동자의 절규가 들려오는 듯 하여라

"우리도 인간이다 인간답게 살고싶다!"
"해고는 살인이다 부당해고 철회하라!"
"고용승계 이행하라!"
"현장으로 돌아가자!"

*25년 5월 3일(토) 정리해고 거부 고용승계 복직투쟁 214일차 되는 날에
비오는 현대차 정문 앞에서*

자본정치 승! 노동정치 패!

자유민주주의 나라라 그런가
자본정치가 활기차다
2025년 6월 3일 치러진 21대 대통령선거에서
7인 출마 2인 중도사퇴 5인후보 완주

몇 억 든다는 대선후보등록
돈없는 민중은 유권자만 해야 하고

총 유권자 44,391,871인
그중 투표자 35,240,416인 중

자본정치 후보 득표수
1) 이재명 후보--17,287,513 표
2) 김문수 후보--14,395,639 표
3) 이준석 후보--2,917,523 표
4) 송진호 후보--35,791 표

노동정치 후보 득표수
5) 권영국 후보--344,150 표

노동정치에 344,150 표
자본정치에 34,816,266 표
던진 유권자들

자본정치가 유리하게 한쪽으로 기울어진 운동장
노동유권자 2,500만이라던디
다 어디가뿟노?
다들 생존권 사수를 위해 자본정치 후보 쪽으로 등돌려버린 걸까?

2,500만 노동자의 정신마저
자본정치로 등돌리 게 만드는 자본정치의 위력에
놀라움을 금치 못할 뿐
그러나 동지여 노동자여
노동정치 사라지지 않도록 하시라
인간답게 살고싶거든
만약에 다시 노동정치가 사라진다면
자유민주주의 나라이며 자본정치가 활개치는 사회에서
어떤 일이 벌어지는지
나이든 노동자는 겪어보덜 못하였던가?

무노조경영으로 악명높은 3머시기 독점재벌처럼
노동조합은 무시되고 노동자를 가축취급하면서 늙어 갈 것인 바

자본정치 세력이 씨 말리려는 노동정치
씨 말리지 못하게 불씨 꺼트리지 못하게 그거라도 막게
노동자는 힘모아 나서야 할낀디
무너진 노동정치 어씨 나시 일으켜 세울꼬
노동자 정치세력이여 부활하라!

자본독재정치 세계관

빨강깃발 들고나온 자본정치당
파랑깃발 들고나온 자본정치당
빨강 금수저당
파랑 금수저당
호래이 담배피던 시절 가난뱅이였노라
울궈먹으며 지금은 얍삽함과 능통한 권모술수와 입질 잘하는
대갈빡으로 정치금수저 열차에 갈아탔지
그리고 앞세우는 말
내가 더 양심 정치인이야
아냐 내가 더 양심 정치인이야
거시기 뭐래도 내가 보니 도토리 키재기던디

내란정치 청산을 외치고
광장정치 운운하는 그들의 정치세계를 모아모아
한마디로 일축하니 또다른 자본독재정치 완성하자고 들렸지
주권자의 투표 자기결정권을 개무시하는 야비한 정치행위에
기가 찰 따름이었지
여기에 노동정치하던 소야까지 합세하니
그럴싸한 모양새로 노동주권자 눈속임 성공할 지경일세

노동정치 죽고나면 자본독재정치만 남겠지
그러면 또다시 노동자는 독점자본의 요구로 87년 이전
노동상황으로 돌변할테지

그들이 버리고가 내팽개쳐진 노동정치
피말리는 심정으로 모인 남은 이들이 잡풀만 무성한 노동정치
밭을 다시 일구고 나섰지
21대 대선투쟁에 제 2기 민주노동당으로 합류한
노동당 '녹색당' 정의당이 그들이다

노동정치의 위기속에 민주노동당이 내세운 권영국 후보. 5번!
비정규직 노동자의 한사람으로서
그 후보의 자발적 지지자가 됐지 됐어
자본정치에 밀려 흔적없이 사라질지도 모를
노동정치의 씨앗을 다시 발화시키자고
지금은 약소하지만 조만간
자본독재정치와 대등한 정치관계 노동정치가 되는 그날까지
노동정치는 살아남아야 하니까
자본독재정치만 기세등등해지는 꼴 못보겠으니까
'분발하라 노동정치!
다시 떨치고 일어나자. 노동정치!'
어찌 세운 노동정치인데 여기서 무너지게 놔두랴
아!
노동자계급이여 다시한번 뭉치기를.

노동정치 실현을 위하여 투쟁!

민주주의 정치하려면 독재정권을 무너뜨려야 한다
보수정치하던지
진보정치하던지
독재정권은 사회악이다

노동정치 실현하려면
자본독재정치를 내쫓아야 한다

자본정치 속에는 진보정치 보수정치 융화되어 있는 것을 본다
그동안 진보는 친노동
보수는 친자본 이런 공식을 성립시켰는데
더이상 그런 공식이 쓸모없어져 버린 듯하다.
진보정치세력이라던 상당수 조직 또는 개인이
보수정치로 꺼꾸러져 버린 것 같다

이제 민주정치는 사라지고 없다
오로지 자본독재정치 대 노동정치뿐
조물주 위 건물주라는 말이 통한다
민주정치 위 자본정치

자본정치하겠다는 후보만 잔뜩 깔린 곳에서
노동정치 1인이라도 나서야 한다
나는 수십년간 노동자로서 지켜보아왔다

더민주 덜민주 정치를
더자본 덜자본 정치를
거대여야 정치계급은 자본주의에 충성한다.
노동자를 착취하고 탄압하며 차별하는
노동정책 펼치는 데는 한통속이다
언제나 그랬다. 한결같이

광장정치를 열자며 그런 자본정치에 엎어진
진보정당들과 민주노총 지도층
참 실망스런 장면들이 펼쳐지는 21대 대선
자본독재정치는 노동정치의 괴멸을 꾀하는가

과거의 과오를 욕하는 사람
미래를 걱정하는 사람 있지만 그건
민주정치로 보는 세계관이고
자본정치 세계관으로 노동정치를 꿰뚫어본즉 결국 민주주의 정치는 껍데기일 뿐이고 속알맹이는 자본독재정치가 사악한 독사처럼 또아리 틀고 앉아 민주정치를 지배하고 있음을 보았기에

노동정치에 희망을 걸어야 한다. 노동자계급은
노동착취 안당하게 할 정치이므로
노동탄압 안당하게 할 정치이므로
인간차별 안당하게 할 정치이므로
노동자계급의 정치세력화
노동자계급의 인간화
노동해방 사회가 되는 걸 희망하므로
단결! 투쟁!

누가 노동자에게 재갈을 물리는가?

자본가가 주범이다!
노조도 한 몫하는 것으로 보인다

사용자가 노동혐오 노무관리 정책으로 일관하면
노동자의 생명줄에 재갈이 물려진다

노동조합이 자본가의 노동탄압에 강력하게 대응못하면
노동자의 목숨줄에 재갈이 물려진다

현대차에 생존권에 재갈이 물린 채 벼랑끝에 선 노동자들이 참 많다

자본가가 노동탄압을 가해 노동자의 생존줄에 재갈을 물리면
노조가 자본가의 노동혐오성 노동탄압에 대응못해주면
피해노동자가 직접 재갈제거 투쟁에 나서야 한다
저항하지 않는다면 개죽음 당하니까

해고는 살인이다!
25년 8월 29일(금) 오늘
이수기업 해고자 고용승계 복직투쟁 333일차!
벼랑끝에선 비정규직 노동자의 항쟁이다
자본가가 노동자의 생명줄에 재갈을 물리는데
가만히 있을 수 있던가?

대동투, 차투위도 재갈이 물린 상태다
통상임금 소송추진단도 재갈이 물려있음을 발견하여
투쟁에 돌입한 것이다
단협 25조 때문에 재갈물리고 물릴 예정 노동자도
'정년연장추진위원회'를 만들어 투쟁중이다

식당노동자도 투쟁중이다
청소노동자도 결의를 모아 노동조합을 만들고
투쟁에 나서면 좋을텐데

단협 25조는 모든 노동자에게 막대한 피해를 주고 있으니
노조가 나서서 강력히 대응하여 반드시 개정시켜야 한다

나라의 노동악법이
기업의 노동혐오 노무정책이
노동자에게 재갈을 물리고 있으니
먼저 자본가는 일체의 노동혐오 노무정책을 중단하라!
노동탄압하는 짓거리
노동착취하는 짓거리
인간차별하는 짓거리
이 3가지가 노동자의 생존권에 재갈을 물리는 짓거리다
즉각 중단하라!

김련희 님 귀가하게

사람이 먼저다. 정치적 구속말고 길을 터라!

길을 터라!
판문점 미군감시소는
길을 터라!
15년전 강제로 속아 왔고 살아온 한국
15년동안 외쳤다

“나는 평양시민 김련희입니다. 가족이 있는 평양으로 다시 돌아가고 싶습니다. 15년전 탈북 브로커에 속아 한국에 왔고 그러니 나의 탈북은 무효이므로 다시 내 고향 평양으로 돌아가고 싶습니다. 나는 미국식 자본주의 사회 한국에 살고싶지 않습니다. 나는 내 조국 조선 내고향 평양으로 돌아가고 싶다고 15년을 외치고 있는데 왜 안보내줍니까? 미군이 주인행세하는 판문점 길만 터주면 되는데 왜 안열어줍니까?”

사상이 먼저가 아니라
이념이 먼저가 아니라
체제가 먼저가 아니라
법이 먼저가 아니라
사람이 먼저다

반인권 악법 국가보안법의 잣대로 김련희 님을 억압말라

미국 식민지 잣대로 삼팔선 그어놓고
자본주의 잣대로 조선의 인권을 탄압말라

길을 터라!
국가보안법으로 가로막지 말고

길을 터라!
삼팔선 판문점 주인행세하는 미군도 더이상 분단획책 그만하고

길을 터라!
평양주민 김련희 님이 집으로 귀가하게

길을 터라!
한국정부는

길을 터라!
미국비밀첩보국 CIA한국지부는

길을 터라!
길을 터라!
갈을 터!

잘 뽑자!

모든 노동자의 하나됨을 위하여
잘 뽑자!

잘 뽑자!

잘 뽑자 잘 뽑자 잘 뽑자
백 번을 읊어도 중요하다 잘 뽑자!

불가촉천민 노동자 누가 만든거노?
현자노조가 맹근거 아이겠나!
64년생 선배노동자 내팽개쳤고
65년생도 물건너 가게했고
66년생도 희망을 물거품으로

잘 뽑자! 잘 뽑자! 잘 뽑자!
자본가정권이 파놓은 함정
국민연금 공백기
자본가가 노동착취 해쳐먹으려고
만든 시궁창 단협 25조 정년

지난 10여년 넘게 그걸 알면서도 양보한 건
집행부 관료들
노동귀족이란 소리를 그렇게도 듣고 싶었어?

자본가와 그렇게도 협치하고 싶었어?
노조대표와 회사대표 독대라도 하면
특혜라도 챙겨준댔나?
사용자의 노무관리 강화로 생산현장은 아우성치는데
집행부만 평화롭게 놔두니 괜찮은거야?

잘 뽑자! 이번만큼은
도둑놈 심보 사기꾼 기질 말고
마음에서부터 정직한 사람
무늬만 민주노조 속내는 노사협치
껍데기만 강성노조 알맹이는 맹물노조
투쟁은 멀리하고 위장된 실리만 강조하는 집행부
노동해방은 양심속에 쳐박아 놓고
친자본만 물심양면 외치는 과대망상 활동가들
참 많이도 보아왔네 그려

잘 뽑자!
비정규직 투쟁하는데
강건너 불구경만 하는 졸장부 말고
노동자는 하나다!
외치며 비정규직 투쟁에 함께하는 활동가로
숙련재고용이라고 무시하는 집행간부 말고
촉탁직도 조합원으로 받아 안을 활동가로

잘 뽑자!
단협 25조 개정!
공백기 없는 정년연장!

공약만 남발말고 진짜로 총파업 투쟁을 실행할 활동가로

잘 뽑자!
졸속합의로 경제투쟁에만 매몰된 집행말고
경제투쟁 담벼락을 허물고 정치투쟁으로
자본가계급 정치세계를 붕괴시키고
노동해방 사회를 향하는 대찬투쟁으로

현자노조 집행부 뽑기 선거전이 시작되었다
잘 뽑자!
잘 뽑자!
잘 뽑자!

26년 39년차 노동조합 역사
27년 40년차 노동조합 역사를 자랑하는
자랑찬 현자노조 간부답게
87년 7월 그 뜨거웠던 여름날
구릿빛 팔뚝 높이 치켜 올리며
노동해방을 외치던 노동자답게
다시 초심으로!

잘 뽑자!
집행관료만이 아니라
정규직만이 아니라
대기업 노동자만이 아니라
모든 노동자의 하나됨을 위하여
모든 노동자의 단결을 위하여

모든 노동자의 투쟁을 위하여
모든 노동자의 해방을 위하여
투쟁!

종교왕국 자본주의

홍익인간을 말하는 민족종교 단군신앙
자비를 말하는 인도종교 붓다신앙
사랑을 말하는 이스라엘 예수신앙

개천절이라는 국가공식 기념일
석탄절이라는 국가공식 기념일
성탄절이라는 국가공식 기념일

5천년되었다는 민족종교
2천 5백년되었다는 불교
2천년되었다는 기독교

봉건사회에서 자본주의 사회로 혁명이 일어났어도
여전히 건재한 종교라는 이름
어쩌면 그 강고한 낡아빠진 작용에
기생하며 발생되고 발전되어 왔는지도

자본주의자들은
어느 종교든 잘 스며들게 하는 힘
종교속에 융합하여
자본주의 외의 체제는 모조리 타도대상으로 삼도록 하는데 성공

봉건제를 밀어내고 자본주의 혁명을

성공시킬 수 있었던 이유
바로 종교와 한통속
종교는 자본주의를 숭배하고
자본주의는 종교를 이용하라
민중을 신앙 가스라이팅으로 부려먹고 등쳐먹으며
수천년간 유지시켜온 지배계급

그래서 그러는구나
그 온화함으로 사랑과 자비를 말하는 종교도
노동해방을 말하는 노동자를 보기만하면
쌍도끼 눈뜨고 험악한 얼굴로
사탄이라고 윽박 지르는구나

그래서 마르크스 철학자 얘기만 꺼내도
흉악한 악마라고 화란 화는 다내는구나
야! 너무 기가 막힌다
그렇게 견고하게
그렇게 야비하게
그렇게 흉악하게
잘 짜여진 종교왕국과 자본주의
이제야 처음 알게되었네
사랑과 자비 홍익인간으로 위장시킨
이 거대한 자본왕국의 기만술을

자본주의 체제 파멸시킬 힘은
노동자에겐 없는 걸까?

자본주의는 영원하고
노동해방 사회를 건설하기는 불가능?

뭉치면 살고 흩어지면 죽는다!
노동자계급이 뭉치고 투쟁하면 가능하다
마르크스가 집대성한 노동해방 철학을 학습하고
견고한 단결투쟁으로
노동해방 사회를 건설하는건 가능하다
먼저 노동해방을 학습하라!
그리고 노동자여 단결하라!
투쟁하라!
쟁취하라!
노동해방 사회를 건설하자!

노동착취 경영기술

현대차 자본가의 노동착취 경영기술,
현대차 자본가는 여전히 노동착취 중이다!

자본가는 이윤을 노동착취에서 찾는다
그것은 왜 그런가?
노동자를 옭아매어 저항할줄 모르게 만들면
자본가는 더 넓은 이윤추구
더 높은 이윤추구
더 깊은 이윤추구로
탐욕 탐욕 탐욕으로 세계관을 넓혀갈 수 있기 때문이다

현대차 자본가의 노동착취 구조
젊은 촉탁직 7천여 명 쓰고
단협 25조 해당되는 노동자 4천여 명
숙련재고용 4천여 명
모두 1만 5천여 명

비정규직 노동제도 두는 자체가 노동착취 해먹는거다
현대차 자본가는 97년 이후 터진 국가부도 사태를 악용해
정규직 1만 명 내쫓았다
3년후 경기가 풀리자 회사가 어렵다는 거짓말로
2천년 입성하면서 16.9%라는 노사합의를 무기로
비정규직 1만을 간접고용했다

노동착취 인간차별 해먹기 딱 좋았다

4년후 불거진 불법파견
자본가는 법대응을 이유로 계속 노동착취 해쳐먹었다
자본가는 불법파견 문제가 큼을 미리 알았는지
2005년말 단협 25조를 뜯어고쳐
정규직 대상 정년앞둔 노동자 발에다
2년간 노동착취 해먹게 족쇄를 채워놓는데 성공했다

2010년 7월 대법원에서 불법파견 판결을 내렸어도
2012년 2월 최종판결을 내렸어도 악착같이 악착같이
불법파견된 비정규직 노동자를 조롱하며 노동착취 해쳐먹었다
거기다 단협 25조라는 철조망을 만들어 튼튼한 울타리를 쳐놓고
그속에 진입한 노동자만 골라골라 노동착취 해쳐먹고 있다

불법파견 문제로 생산직 간접고용에 재갈을 물리자
자본가는 다시 노다지 노동착취 노동제도를 찾아냈다
이거 완전 씸박한 노동제도?
자본가는 직접고용 비정규직 노동제도를 창안해 냈다
(외국꺼 보고 표절해 쓰는지도 모른다)

이름하여 촉탁직!
2년이 고비니까 2년 되기 전에 짜르면 되고
젊은 사람 위주로 쓰되
노조에 관심가지는 자 입사불가처리하고
그마저도 불안하니
2개월 3개월에 한번씩 재고용 쪼개기 계약처리하고

노동조합에 가입하고 싶어도 못하고
여기저기 인원필요시마다 왔다리 갔다리 보낼 수도 있고
일 잘못하면 바로 계약해지 가능하고
임금복지 절반수준으로 해도 되고
완전히 따따불 노다지 노동착취 고용방식

야금야금 그렇게 정규직 알자리 좀먹고 있어도
정규직 노동조합은 손 쓸 마땅한 방법도 없는
기가 막힌 고용제도!
촉탁직!

노동착취되고
인간차별되고
직접고용이니 위장도급도 아니고
불법파견도 아니니
노조에서 손도 못쓰는
자본가의 황금어장 고용제도 촉탁직!

해결책은 단 하나!
노동자여 단결하라!
뭉치면 주인되고 흩어지면 노예된다!

어느 비정규직 해고자의 외침

해고된 지 1년후
여전히 해고되어 투쟁하는 어느 비정규직 해고자는
추운 새벽날 정문앞에서 이렇게 외쳤습니다

이수기업 해고자들의 정리해고 철회와 고용승계를 요구한 1년 넘는 질긴 투쟁과 연대 동지들 덕분에 현대자동차는 국회와 국민들에게 사태 해결을 위한 교섭을 약속했습니다

하지만 현대자동차 사측은 교섭 국면에서마저 "해고 당사자를 교섭 위원으로 인정할 수 없다", "사내하청으로 고용 승계할 경우 불법 파견 시비가 되풀이된다", "사내 생산 하청은 논의할 수 없다"

심지어
"고용승계 협의가 아닌 취업 알선자리"
라며 자신들의 범죄를 뉘우치기는커녕 해고당사자와 교섭위원들을 우롱하고 기만적인 태도로 시간을 끌며 국회와 국민에게 한 약속을 내팽개치고 있습니다

현대자동차는 수십 년간 불법 파견 범죄를 통해 하청 노동자들의 노동을 갈취해 막대한 이익을 축적해 왔습니다. 그러나 고용노동부는 이러한 불법에 제대로 대응하기는커녕, 고작 3천만 원의 벌금을 부과하는 데 그쳤고 시정 명령·근로 감독조차 하지 않으며 사실상 현대자동차의 불법을 방조해 왔습니다

근로자 지위 확인 소송이 대법원에서 잇달아 노동자 승소로 이어지자, 현대자동차는 불법을 인정하기는커녕 하청 노동자들에게 '정규직 전환'이 아닌 소송 포기 각서와 특별 채용이라는 꼼수를 내밀며 당연한 노동자의 권리를 거래하려 했습니다. 그리고 이에 응하지 않았다는 이유로 이수기업 노동자 전원을 집단 해고하고 업체를 폐업시켜 공장 밖으로 몰아냈습니다

특히 이수기업 공정은 2024년 5월과 7월 대법원에서 불법 파견이 확정된 공정입니다. 따라서 이수기업 노동자들은 해고 대상이 아니라 정규직 전환 대상자입니다. 그럼에도 현대자동차는 불법을 은폐하기 위해 집단 해고라는 수단을 선택했습니다. 우리는 이 부당한 해고에 맞서 400일넘게 투쟁을 이어오고 있습니다

현대차자본은 아무런 명분을 세우지 못하여 결국 물리력으로 우리의 정당한 투쟁을 짓밟으려 하였습니다

구사대 깡패들을 동원해 폭력을 행사했고 천막을 박살내고 강탈하였습니다

위협하고 겁박하면 우리가 순순히 물러날줄 알았던 것입니다

하지만 우리는 포기하지 않았습니다

교섭 자리에서 헛소리로 시간이나 때우면 해고자들이 지쳐 뿔뿔이 흩어질거라고 생각하는 얇팍한 수를 우리는 이미 알고 있습니다

우리는 포기하지 않을 것입니다

현대차 자본이 우리를 탄압하고 기만하고 분열을 조장하지만 우리는 더욱 단결하고 강고한 투쟁을 이어 나갈것입니다

우리는 승리할 때까지 멈추지 않을 것입니다.

우리는 단호하게 우리의 요구사항을 주장할 것입니다

- 현대자동차는 해고 당사자와의 교섭을 성실하게 이행하라
- 구사대 폭력의 책임자를 처벌하고 노조 활동을 보장하라
- 불법 파견 범죄를 사과하고 사내 하청 노동자들을 정규직으로 전환하라.

붉은투혼의 정신으로!

지구별 다양한 나라
다양한 종교
사랑을 말하는 종교
자비를 말하는 종교로 넘쳐나는 자본주의 사회

하나같이 강요되는 건
민중을 향해 사기쳐먹기
노동자를 향해 노동착취해먹기
경제살리기 다른 말로 자본가살리기
이미 재벌로 잘 살고 있는데 뭘 더 살려?
노동자 살리기는 없어
있어봤자 노동착취 인간차별로 가까스로 살게하기 뿐

그런 자본천국 사회를 노동자계급에 넘겨줄 수 없도록 애쓰기위해 자본가계급이 만든 정신교육의 본질 종교
노동해방 사회에서는 사랑도 자비도 없어?
아니 더 많아

자본주의 세계관은 탐욕의 세계관
거짓으로 꾸며낸 사랑과 자비를
각 종교속에 심어 민중의 심리속에 사상과 이념으로 자리매김하게 어려서부터 세뇌
노동해방 사회로 못가게 훼방놓는 장치로 이용해 먹고 있지

아주 요긴하게
아주 살벌하게
천국과 지옥을 만들어놓고
부활과 환생을 설정해 놓고
병주고 약주고
불신이면 불안과 공포로 몰아넣고
믿음이면 달콤한 꿀맛속으로 과대망상속으로
인간의 정신을 몰아넣고 몽롱하게
마치 본드흡입자처럼
마치 대마초라도 피운 것처럼
몽상속으로 망상속으로 끊임없이 끝도없이
파고들도록 설법으로 설교로 기도로 정신없게 비몽사몽하게

봉사정신 헌신 숭배로
몸으로 정신으로 금전대의 부피로
아까운 생존을 허비케하는 종교 그리고 신앙
속고있어 그러니 더이상 속지마
지구별 모든 종교는 개좆도 헛물이야
자본주의자들이 자본가계급이
노동해방 사회로 못가게 훼방놓는 집단세뇌 장치일 뿐이야
그거알아?

노동해방 사회는 더 깊은 사랑 더 격조높은 자비로 가득해
그러니 노동해방 사회가 되면 모든 종교는 자동으로 소멸해
모든 종교의 소멸은 자본주의 소멸로 이어지리니
자본가계급은 살벌하게 노동자계급을 억압하고 있는게야
이런 사회구조 속이니 노동자의 단결투쟁은 언제든지 옳아

노동자계급이 나서야 해
모든 종교 거부 투쟁!
자본주의 파멸투쟁!

붉은노동의 정신으로!
붉은투혼의 정신으로!

☆칼 마르크스☆
1818년~1883년
노동해방!
전세계 노동자여 단결하라!
지구별 유일의 노동해방 철학자!

변창기 시집

노동의 샛별

초판인쇄 2026년 01월 20일 **초판발행** 2026년 01월 26일

지은이 **변창기**
펴낸이 **이혜숙** 펴낸곳 **신세림출판사**
등록일 **1991년 12월 24일 제2-1298호**

04559 서울특별시 중구 퇴계로49길 14,
충무로엘크루메트로시티2차 1동 720호
전화 02-2264-1972 팩스 02-2264-1973
E-mail : **shinselim72@hanmail.net**

정가 15,000원

ISBN 978-89-5800-292-5, 03810